> 診断をするよ！
>
> この問題、じつは成功のヒケツがわかるんだ

診断

運のつかみ方がわかるよ。

 くつ下を右からはく人は、行動派だよ。考えるより先に、からだが動いちゃうはず。自分でやってみて、失敗をくりかえしながらコツをつかんでいくタイプ。失敗をおそれずに、経験をつむのが、成功のヒケツになるよ。

 くつ下を左からはく人は、理論派だよ。観察力があって、なにをするにも、まず、どうやればいいのか、じっくり考えてから動くはず。人のやり方を見て、くふうするのも得意だね。計画をたてると、成功するよ。

>
> 行動派！
> あたっているかも…

> 心理テストの診断結果は、
> 答えたときの気持ちで
> かわることがあるよね

※ もくじ ※

**※ パート1
ほんとうの自分って？** ……… 9
Q1 あなたはどんな性格？ ……… 10
Q2 魔法の本はどこ…？ ……… 15
Q3 友だちがわすれたものはなに？ 17
Q4 あけてはいけない箱 ……… 17
Q5 先生からのたのまれごとは？ … 19
Q6 妖精がかくれた場所はどこ？ … 19
Q7 魔法使いのお茶会の会場はどこ？ 19
Q8 魔法の薬をミックスしたら？ … 21
Q9 キュートなクマとおしゃべり！ 21
Q10 本物はどこ？ ……… 23
Q11 魔法カード ……… 25
Q12 悪夢図鑑 ……… 27
Q13 まちがいをさがして！ ……… 29
Q14 1枚えらぶなら？ ……… 29
Q15 スカウトされたら？ ……… 31
Q16 世界一の苦労 ……… 35
Q17 おしおき部屋はどこにある？ … 35
Q18 ぴったりあうのは？ ……… 35
Q19 スイーツ、食べ放題！ ……… 37
Q20 ウソつきはどこにいる？ ……… 39
Q21 カギはどうする？ ……… 43
Q22 学校で、かくれんぼ！ ……… 45

Q23 まちがえられたのは？ ……… 45
Q24 ひとりぼっちの島 ……… 47
Q25 お気にいりのドレスは？ ……… 49
Q26 イラストタイム ……… 51
Q27 キャンドルに火をつけて ……… 51
Q28 うっかりミスで！ ……… 53
Q29 やぶれた地図 ……… 55
Q30 呪文といえば？ ……… 57
Q31 強敵をさがせ！ ……… 57
Q32 どのテーブルにはこぶ？ ……… 59
Q33 ラビリンスを抜けて！ ……… 61
プチ心理テスト ……… 63

**※ パート2
友だち関係をチェック！** ……… 65
Q1 友だちからどんなタイプだと思われている？ 66
Q2 魔法の舞踏会 ……… 70
Q3 絵をかくとしたら？ ……… 71
Q4 ピクニックに持っていくなら？ 73
Q5 リーダーはだれ？ ……… 75
Q6 ふたつの約束 ……… 77
Q7 海賊船に侵入！ ……… 79
Q8 ミラクル・フルーツ・バスケット…!? 81
Q9 お世話をするなら？ ……… 83

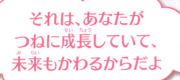

> それは、あなたが
> つねに成長していて、
> 未来もかわるからだよ

- **Q10** 失敗した理由は? ………… 83
- **Q11** キャンプで大かつやく! … 85
- **Q12** 魔法のリング ………… 87
- **Q13** インタビューされちゃった! … 87
- **Q14** マンガの世界へスリップ! … 89
- **Q15** みんなでレストランへ ……… 91
- **Q16** 友だちといれかわったら? … 93
- **Q17** 整理整とんをするなら? … 95
- **Q18** 映画にでるっていいたいけれど… 97
- **Q19** 友だちが悪の組織にはいってしまい… 97
- **Q20** 大食いチャレンジ! ………… 99
- **Q21** 特別レッスンによびだし中 … 99
- **Q22** 魔法のランプをこすったら? … 101
- **Q23** 友だちといっしょにチェック! 103
- **Q24** すがたが見えなくなったら? 106
- **Q25** ゴーストツアーへGO! ……… 107
- **Q26** とりかえっこをするなら? … 109
- プチ心理テスト ………… 111

✳︎パート3
ドキドキ♡ラブ診断 ……… 129
- **Q1** あなたがアイドルだったら…? ラブ診断テスト 130
- **Q2** 運命の赤い糸の効果は? …… 135
- **Q3** 動物園で大人気! ………… 137
- **Q4** 衝動買いしたのは? ……… 137
- **Q5** 窓辺にかざるなら? ……… 139
- **Q6** 生写真はいかが? ………… 141
- **Q7** 雨降りデート ………… 141
- **Q8** 恋の女神のプロデュース … 143
- **Q9** 気球に乗ってどこまでも! … 145
- **Q10** 遊園地デートへGO! ……… 147
- **Q11** いわれたくないひとことは? 149
- **Q12** オーダーミスがおこったら? 151
- **Q13** 深いあなたにおちちゃった! 153
- **Q14** 魔法の池をのぞくと…? … 153
- **Q15** 落書きするなら? ………… 153
- **Q16** お化け屋敷でキモだめし! … 155
- **Q17** ふくらむのはどれ? ……… 157
- **Q18** 森の恵みは? ………… 157
- **Q19** あなたとカレの相性チェック♡ 160
- **Q20** プリンスに変身! ………… 163
- **Q21** 星をプレゼント! ………… 165
- **Q22** オープン・ザ・ドア! ……… 165
- **Q23** モフモフの正体 ………… 167
- **Q24** 魔法のエスコートは? ……… 169
- **Q25** 水族館デート ………… 171
- **Q26** 演技力がだいじ! ………… 173
- **Q27** 食い意地チェック!? ……… 173

いまの気持ちや状態をたしかめるためにも、何度もテストしてみてね！

もくじ

Q28 はじめての共同作業!? ……… 175
Q29 お嬢さま vs 執事! ……… 177
Q30 キューピッドの矢のゆくえは? 177
Q31 ご近所づきあい ……… 179
Q32 魔法で大変身! ……… 181
Q33 けむりがモクモク! ……… 181
Q34 羽根をキャッチ! ……… 181
Q35 配達がかりはだれ? ……… 183
Q36 ウエディングドレスはどれにする? 185
Q37 結婚式の人気メニューは? … 187
プチ心理テスト ……… 189

*パート4
知りたい! 未来診断 ……… 193

Q1 魔法学校チャートテスト ……… 194
Q2 魔法の修業先はどこ? ……… 197
Q3 ピラミッドを探検! ……… 199
Q4 うたた寝をするなら? ……… 201
Q5 モチベーションアップで運気もアップ! 204
Q6 海外旅行でおとずれた順番は? 207
Q7 鏡のなかみが脱走中! ……… 209
Q8 カリスマ美容師ってどんな人? 209
Q9 水晶玉のなかにあらわれたのは? 211
Q10 ぜったいイヤな罰ゲームは? 213
Q11 もし、ドラゴンになったら? 215
Q12 あなたの小人ライフは? …… 215
Q13 天下の大ドロボウのミス …… 217
Q14 アミダクジに1本書きたして! 219
Q15 燃えるほのおを見つめて …… 221
Q16 魔法界の宝物といえば? …… 221
Q17 先ぱいたちの教室で ……… 223
Q18 オムライスをつくるよ! …… 225
Q19 ブランコの謎 ……… 227
Q20 スペシャルツアーへようこそ 229
Q21 銀河鉄道に乗って! ……… 231
Q22 海でコミュニケーション♪ … 233
Q23 魔女とお店屋さんごっこ …… 235
プチ心理テスト ……… 237

* おまじない ……… 14・42・128・159
* ハッピー☆心理ゲーム ……… 113
* ～小さな魔法～
  心理テストのつくり方 ……… 239
* ヒミツノート ……… 251

パート
1
ほんとうの自分って？

あなたってどんな人？ 心理テストで、心のおくにかくれている、ほんとうの自分に出会えるよ。あなたにピッタリのおしゃれや、なやみを解決するヒントもわかるよ！

Q1 あなたはどんな性格？

次の質問に**1**から順に答えながらすすんでいってね。

1
ラピス特製のいちごの
ショートケーキがあるよ。
さて、いちごはいつ食べる？

a．最初に食べる！
…… **2**へ

b．あとで食べる！
…… **3**へ

2
ドルチェは、お昼寝中。
さて、どこでねているかな？

a．ふかふかのベッドの上
…… **5**へ

b．見晴らしのいい木の上
…… **4**へ

3
スピカの空飛ぶ魔法がかかりすぎちゃった！
どうなると思う？

a．月まで飛んでいっちゃう！…… **5**へ

b．地球をグルグル何周もしちゃう！…… **6**へ

4
もし、1日だけ
変身できるなら？

a．鳥になって、空を飛ぶ！
…… **7**へ

b．イルカになって、
海をおよぐ！
…… **5**へ

5
学校に魔法をかけるなら？

a．遊園地にかえて、あそびながら
まなべるようにする！
…… **7**へ

b．お菓子の家にかえて、食べながら
まなべるようにする！
…… **8**へ

6
フシギの世界への扉があるよ。
さて、この扉は?

a. おして、あける…… **5**へ

b. ひいて、あける…… **8**へ

 7
時間の魔法をかけるなら?

a. たのしい時間を長く
つづける!…… **9**へ

b. つらい時間を、めっちゃ
早くすすめる!…… **10**へ

part 1 ほんとうの自分って?

 8
フシギな鏡があるよ。どんな力があるかな?

a. 未来がうつる!…… **11**へ

b. 会いたい人がうつる!…… **12**へ

 9
生まれかわるなら?

a. 女の子になりたい
…… **A** タイプ

b. 男の子になりたい
…… **B** タイプ

10
飲んでみたいのは?

a. 世界的な天才になるドリンク
…… **B** タイプ

b. 絶世の美女になるドリンク
…… **C** タイプ

 11
もらえるなら、どっちがいい?

a. アラジンの
魔法のランプ
…… **C** タイプ

b. シンデレラの
ガラスのくつ
…… **D** タイプ

12
虹をわたるなら?

a. いろいろな色の上を
気まぐれに歩く
…… **D** タイプ

b. おなじ色の上を
はみださない
ように歩く
…… **E** タイプ

診断は次のページを見てね!

診断結果
ほんとうのあなたのキャラクター

元気いっぱいで、明るい子

いつでも全力投球のパワフルガール！ 愛情いっぱい、情熱マックスで、ホットでドラマチックな人生をおくりそうだね！ つよい意志と実行力を持っていて、チャレンジ精神も旺盛！ 夢や目標をどんどんかなえていくはず。

おもしろくて、たのしい子

好奇心旺盛で、新しい流行や話題のスポットにくわしいアンテナ人間。アイデアも豊富だから、おしゃべり上手で、つっこみもバッチリ。フレンドリーでかざらない性格が愛され、クラスやグループの人気者になれるよ。

 クールで、スマートな子

ちょっとミステリアスなタイプだね。みんながワイワイもり上がっているときも、ひとりはなれて自分のすきなことをしていそう。大人(おとな)っぽく、おちついた魅力(みりょく)で、みんなのあこがれの存在(そんざい)に。アーティストっぽいセンスもキラリ！

part 1 ほんとうの自分(じぶん)って？

 かわいくて、おしゃれな子

ラブリーで、キュート。愛(あい)され上手なあなたは、「ザ・女の子！」。カワイイもの、キレイなものが大すきで、おしゃれにもびんかんだね。こだわりはつよいほうだけど、わかってくれる人の前でしか見せないはず。いつもニコニコしているよ。

E やさしくて、しっかりした子

責任感がつよく、きちんとした性格だよ。いわれたことやきめられたことはちゃんとまもる優等生タイプ。思いやりがあって、めんどうみもいいから、自分のことだけじゃなく、人のケアもするね。まわりからもすごくたよられているよ！

チャームアップの おまじない

あなたの魅力をひきだそう！

ねる前に、まくらの下に手をいれて、誕生日の日づけのぶんだけノックしてね！ ねている間に、長所や才能がパワーアップするよ！

Q2 魔法の本はどこ…？

図書室に魔法の本があるんだって。さて、たなのどこにあると思う？

part 1 ほんとうの自分って？

 手がとどかない場所

 背のびをすればとどく場所

 目の高さにある場所

 しゃがまないととれない場所

A2 本の位置は、あなたの意欲のあらわれだよ！
あなたのいまの心の状態は…

a あこがれモード

ステキな子になりたい気持ちが高まっているね！　カワイイアイドルやカッコイイモデルをよく観察して、いいところをどんどんとりいれてみて。すぐにコツがつかめて、キラキラかがやく、新しいあなたが誕生するよ！

b ヤル気モード

だれにも負けたくない！　そんな気持ちがつよまっているみたい。勉強、スポーツ、趣味や習い事など、やるからには、ナンバー１をめざして本気になってみて。みるみるうちに実力が上がって、大かつやくができちゃうよ！

c のんびりモード

あなたは、いまの自分に満足しているみたい。このままたのしくハッピーにくらせればいいって思っていそう。でも、かわらないということは、成長がないってこと。アンテナを張り、新しいことに挑戦すると、大きく成長できるよ。

d くよくよモード

なんだかツイてない、なにもしたくないなど、ブルーな気持ちになっていそう。自分なんてダメだと思いこんでいない？　でも、あなたには、だれにも負けないガッツがあるはず。やりたいことをあきらめずにつづければ、きっとうまくいくよ！

Q3 友だちがわすれたものはなに？

友だちがわすれ物をしたみたい。なにをわすれたかな？

体操服

教科書

ペンケース

ハンカチ

Q4 あけてはいけない箱

「ぜったいにあけないで！」といわれて、箱をあずかることに。
さて、あなたはどうする？

 あけようとは思わない

 あけたいけど、ガマン

 あけちゃうかも

 あずからない

part 1 ほんとうの自分って？

A3 友だちのわすれ物は、あなたのこだわっていることだよ！

あなたのこだわりポイントは…

a 体力
いつも元気いっぱいで、からだを動かすのがすきなあなた。教室にいるよりも外にでてあそびたいって思っていそうだね。負けずぎらいで、スポーツやゲームは、勝つまでやめないよ。

b 知力
頭の回転が速く、切れ味バツグン！　するどいものの見方ができるあなた。みんなにたよられたり、感心されたりすることが多いはず。自分で思っているよりも、じつは、勉強ずきだよ。

c 社交力
コミュニケーション能力が高く、だれとでもすぐに仲よくなれちゃう。こだわりポイントは、友だちとのつきあい方にありそう。気持ちをキャッチするのも、つたえるのも得意だね。

d 女子力
ハンカチは、女の子らしさのシンボルだよ。あなたは、おしゃれでセンスがいいタイプ。いつも人からどう見られているかを気にしていそう。女子力が高く、みんなのあこがれの的に！

A4 箱をどうするかで、本性がわかるよ！

あなたの本性は…

a 勇気不足のお姫さま
あなたは、気高く上品なプリンセスのような人。ただ、ちょっとおとなしめだね。人につよくいわれると「ハイ」と、いうことを聞いちゃう。自分の意見もいれば、カンペキだよ。

b 正義をまもる兵士
ほんとうのあなたは、正義の味方。勇かんなソルジャーのように、正しいことのために、命をかけてたたかうよ！　意志がつよく、行動力もバツグン。みんなからたよられていそうだね。

c 自由気ままな芸術家
センスで勝負するアーティストタイプのあなた。自分がやりたいかどうかがすべてで、人がどう思おうと気にしないよ。でも、ルールや約束はまもらないと、かえって自由度がへっちゃうよ。

d プライドの高い専門家
あなたの本質は、スペシャリスト。なっとくができないことは、ことわるつよさがありそう。でも、まだまだ成長期。プライドもだいじだけど、謙虚に頭を下げると、まなべることも多いはず。

先生からのたのまれごとは？

先生から用事をたのまれちゃった。さて、なんていわれたかな？

 「プリントを配って」

 「教材をかたづけて」

 「黒板を消して」

 「クラスの子をよんできて」

妖精がかくれた場所はどこ？

あなたの勉強机に、消しゴムサイズの小さな妖精があらわれたよ。
でも、すぐにかくれちゃった。どこにいったのかな？

 ひらいた教科書の下

 ライトのまうしろ

 ペンケースのなか

 ランドセルのなか

魔法使いのお茶会の会場はどこ？

魔法使いのお茶会によばれたあなた。会場は、どんな場所だった？

 お城

 魔女の家

 ヒミツの洞窟

 草原

part 1 ほんとうの自分って？

いいつけられた用事で、先生との関係性がわかるの！
先生からどう思われている…

a ノリがよくて、おもしろい子
先生にとってあなたは、気らくにものをたのめる友だちみたいな子といえそう。年齢や立場を超えて、仲よくなれるよ。

b がんばり屋で、見こみがある子
めんどうな仕事をたのまれやすいのは、それだけ、あなたに期待しているから。優秀な子だと思われているよ。

c きちんとしていて、たよれる子
なにをまかせても、カンペキにこなすあなたのことを、先生は高く評価しているよ。たよられちゃうことも多いはず。

d 親しみやすくて、話しやすい子
先生は、あなたに心をゆるしているみたい。本音で向きあって、なんでも話せるタイプの子だと思ってくれているよ！

妖精がかくれた場所で、人見知り度がわかるよ。
あなたの人見知り度は…

a 人見知り度40%
話しかけてもらえれば、すぐにうちとけられる社交家だね。軽いあいさつができるようになれば、友だちになれるよ！

b 人見知り度10%
すぐに見つかる場所にかくれたと思ったあなたは、ものおじしないタイプ。初対面でも、すぐ親友になれちゃう☆

c 人見知り度70%
仲よくなりたいのに、きっかけがつかめないあなた。会話をするときは大きくうなずいて、聞き上手をめざすといいよ。

d 人見知り度100%
机からはなれて、ランドセルにかくれたと答えたあなたは、超人見知り。笑顔を心がけて、少しずつ仲よくなって。

招待された場所で、お嬢さま度がわかるよ。
あなたのお嬢さま度は…

a お嬢さま度100%
ゴージャスな会場を思いうかべたあなたは、お嬢さまマインドの持ち主。気品と思いやりにみがきをかけてね！

b お嬢さま度80%
魔女は、もともと病気をなおす薬草にくわしい女性のこと。あなたもかしこく、やさしい人。お嬢さま度は高めだね！

c お嬢さま度40%
お嬢さまっぽくなりたいのに、あきらめちゃっているみたい。おしとやかさを心がければ、変身できるはず！

d お嬢さま度10%
堅苦しいのは、大のニガテ！　あなたは、ざっくばらんで気さくな女の子。つきあいやすい人気者だよ！

Q8 魔法の薬をミックスしたら？

魔法の秘薬をつくることになったよ。赤と青の魔法の薬をまぜたら、どうなると思う？

 a 紫色の秘薬ができる！

 b 透明な秘薬ができる！

 c 虹色の秘薬ができる！

 d まっ黒な秘薬ができる！

part 1 ほんとうの自分って？

Q9 キュートなクマとおしゃべり！

テディベアがしゃべりだしたよ。なんていっているかな？

 a 「大すき」

b 「さびしかった」

 c 「あそぼう」

 d 「勉強しなさい」

思いうかべた色で、どれくらいキッチリしているかがわかるよ。

あなたのまじめ度は…

a まじめ度100%

赤と青をまぜれば、紫色になるはず。基本のルールをわすれないあなたは、まじめなしっかり者だね。ただ、そのぶん、アレンジやアドリブはニガテ。頭をやわらかくしていこう！

b まじめ度10%

赤と青をまぜて、透明になると考えたあなたは、柔軟な発想力の持ち主。正しい答えを知っていても、ウケねらいでわざとハズして答えそう。笑いをとれるタイプだね。

c まじめ度30%

赤と青をまぜて、レインボーカラーを生みだせると考えたあなたは、のびのびとした自由人。発想がおもしろいよ。時間やきまりをしっかりまもると、あなたの魅力がより高まるよ。

d まじめ度80%

黒い色をイメージした人は、心のどこかで失敗をおそれていそう。なにかをするときに、「おこられるかも」って考えるクセがついてない？　まじめなのはいいけれど、自分を追いつめないで！

 テディベアのことばは、あなたの本音だよ。

あなたのあまえんぼう度は…

a あまえんぼう度80%

すなおなあなたは、みんなからあまやかされちゃう。いろいろやってもらえてラクだけど、ちょっときゅうくつなんじゃない？　少しずつ、ひとりでできることをふやすといいね！

b あまえんぼう度100%

あなたは、超あまえんぼう。ひとりではなにもできないって思いこんでいるんじゃない？　でも、やってみれば、あんがいなんでもうまくやれちゃうはず。自分を信じてみて！

c あまえんぼう度50%

ちゃっかりタイプのあなた。たのしいことや、おもしろいことは自分でやって、めんどうなことは、人にまかせちゃう。あまえ上手だけど、ズルばかりすると、人気がなくなっちゃうよ。

d あまえんぼう度10%

あなたは、がんばり屋さん。自分の力で、ちゃんとやりたいという思いがつよいみたい。そのぶん、あまえるのはニガテ。たいへんなときは、たすけをもとめて。まわりもよろこんでくれるよ。

本物はどこ?

ドルチェがいっぱい！ 分身の魔法で、あなたをからかっているみたい。
さて、本物はどれ？

窓から外を見ている
ドルチェ

テーブルの上でつまみ食いを
しているドルチェ

たなの上でこっちを
見ているドルチェ

ソファーの上で、おなかを
上にしてねているドルチェ

A10 ドルチェの位置で、あなたがなにをもとめているかがわかるよ！

あなたがいま、いちばんもとめているのは…

a 自由

やらなければいけないこと、まもらなければいけないことが多すぎて、おつかれ気味。心のおく底では、もっと自由になりたいとのぞんでいそう。人との約束をへらして、ひとりの時間をふやしてみると、気持ちがラクになるよ！

b きずな

ちゃんとしたごはんではなく、つまみ食いをするのは、心にすきまがあるサイン。あなたはいま、自分で思っている以上にさびしいみたい。家族や友だち、恋人など、特別なつながりをもとめているよ。まずは人に親切にしてみて。

c やりがい

ものいいたげに、こちらを見つめているドルチェをえらんだあなたは、はりあいをもとめているみたい。時間をわすれてうちこめるなにかにであいたいとねがっているよ。いまからでもおそくないから、やってみたいことにチャレンジして！

d 自信

リラックスモードのドルチェをえらんだあなたは、もっと自分らしくいたいとのぞんでいるみたい。自信は、自分で育てなきゃ！ 課題を解決し、身だしなみをきちんとととのえたら、堂どうとふるまって！周囲の見る目がかわるはずだよ。

魔法カード

4つの絵をすきな順番にならべてね！
1枚目になったのは、どの絵だった？

 キャンドルのほのお

 三日月

 魔女の大なべ

 あやしげな小びん

part 1 ほんとうの自分って？

A11 いちばんすきな絵で、あなたのだいじなものがわかるよ。
あなたがたいせつにしているのは…

a 愛

燃えるキャンドルのほのおは、心のなかに情熱がかくれていることをあらわすの。あなたにとってたいせつなのは、人を思う気持ちみたい。燃えるような恋をしたい、身近にいる人の力になりたいと、熱い思いを持っているよ！

b 夢

これから満月にかわっていく三日月は、夢と希望、そして、変化のシンボルだよ。あなたは、いまの自分に満足していないはず。もっとよくなれる、すごくなれると、可能性を信じていそう。大きな目標に向かっていってね！

c 友

大きななべは、ちがうものをまぜて、新しいなにかをつくる道具。あなたにとってたいせつなのは、身近な人との交流だね。友だちや先ぱい、後はいなど、いっしょにがんばれる仲間とのつながりを第一に考えているよ！

d 美

小びんは、魅力のシンボルだよ。あなたがだいじにしているのは、人の心を動かすうつくしさ。キレイになりたい、かっこよくなりたいという気持ちがつよいみたい。おしゃれに力をいれると、キラキラかがやきだすはず！

Q12 悪夢図鑑

こわい夢を見たよ。さて、それは、どんな夢だった？

part 1 ほんとうの自分って？

 お化けや怪物に追われる夢

 親や先生におこられる夢

 地震や噴火など、災害の夢

 テストや試合で、失敗する夢

A12 こわいという思いは、願望のうらがえしだよ。
あなたが心にひめていることば…

a だれかにたすけてほしい

もしかしたら、いま、自分ひとりではかかえきれない問題になやまされているんじゃない？ こわいものからにげる夢をえらぶのは、心がSOSをだしているサイン！ 信頼できる大人に、自分の気持ちを正直に話してみて。

b だれもわかってくれない

しかられる夢をえらぶのは、「自分はダメだ」という思いを持っているせい。いいかえれば、自分のいいところがわからなくなっているの。人にホメてもらえないなら、自分で自分をホメて！ ネガティブな気持ちからはなにも生まれないよ！

c 結果がでるのがこわい

テストやマラソン大会の前に考えたことはない？ 「あした、台風になればいいのに」って。地震や噴火の夢を思いうかべるのも、おなじ心理だよ。自分のがんばりがたりないって気づいているのに、気づかないふりをしているみたい。

d 全部、うまくやりたい

プレッシャーにおしつぶされかけているよ。ちゃんとがんばっているのに、うまくいかないことばかり考えてしまっているみたい。悪いことを考えていると、悪いほうにひきずられちゃうよ。「オールOK！」を口グセにしてみて。

Q13 まちがいをさがして！

ふたつのイラストをよく見てね。2番目に気づいたまちがいはどこ？

 ヘアアレンジ

 目の色

 持ち物

 服のデザイン

Q14 1枚えらぶなら？

いちばんすきなハンカチはどれ？

ワンポイント

全面プリント

チェック

レース

2番目に気づいたポイントで、あなたの女の子らしさがわかるよ。

あなたの女子力は…

a 女子力80％
見た目はバッチリ。必要におうじて、女の子らしさもアピールできるあなたは、女子力が高め。ただ、心はまだ子どもっぽいところも。意地悪や仲間はずれ、悪口はNG。心もみがけば、カンペキだよ！

b 女子力20％
かわいく女の子らしくすることに、てれちゃうあなた。やってみたくても、にあわない気がしてパスしちゃいそう。センスのいい友だちにアドバイスをもらうと、にあうスタイルをおしえてもらえるよ！

c 女子力50％
いつもは女の子らしくふるまえるのに、ときどきことばづかいやもののあつかいがらんぼうになっちゃうあなた。どんなときでも、人に注目されていることをわすれずに、女子力を高めてね。

d 女子力100％
こまかいところまで気がつくあなたは、女子力MAX！　かわいくよそおうのも得意だし、みんなが気持ちよくすごせるように、気配りもわすれないよ。これからも、愛をふりまいてね！

すきなデザインで、あなたのなみだもろさがわかるよ。

あなたの泣き虫度は…

a 泣き虫度80％
ワンポイントのハンカチをえらんだあなたは、こだわりがつよめ。つくり話にはしらけちゃうけど、はまると泣きまくっちゃいそう。動物などの実話にもよわいみたい！

b 泣き虫度50％
全面プリントのハンカチをえらんだあなたは、根がすなお。だから泣ける話を聞くだけで、なみだがでちゃう。でも、話がおわったとたん、ケロリ！　なみだは流すけれど、泣き虫ではないよ。

c 泣き虫度20％
チェックのハンカチをえらんだあなたは、自分をおさえるクセがついているみたい。かなしいときも、グッとガマンしちゃうはず。そのつよさは立派だけど、気持ちをかくしすぎないように気をつけてね！

d 泣き虫度100％
すごくデリケートなあなた。ウルウルしやすく、なみだがこぼれると、もうとめられないみたい。泣きそうになったら、深く息をすい、上を向いてゆっくり息をはいて、なみだをとめてね。

Q15 スカウトされたら？

モデルにスカウトされちゃった！　スカウトマンはどんな人？

part 1 ほんとうの自分って？

a 超イケメン

b 超美人

c 意外に地味

d ぜんぜんイケてない!?

スカウトマンはあなたをうつす鏡だよ。
あなたのおしゃれ度は…

 おしゃれ度100%

センスバツグンで、おしゃれなあなた。とくに異性ごのみのカワイイコーディネートが得意だから、恋のチャンスもひきよせるよ！ 大すきなカレや仲よしの友だちとカラーやデザインをそろえて、恋や友情を強化してね！

レトロガーリー
ちょっとクラシカルなデザインをとりいれると、センスのよさが光るよ！

 おしゃれ度50%

おしゃれな女の子になりたい気持ちは、だれよりもつよいあなた。でも、流行のマネをするだけになって個性がなくなりやすいの。マネや流行を追うだけで満足せず、自分なりに着こなしてね！

ポップ＆カジュアル
元気なファッションで、自分をアピールしてみて！

c おしゃれ度80%

すききらいがハッキリしていて、自分のスタイルを持っているあなた。おしゃれ度は高めだよ。ただ、ワンパターンになりやすいのが、おしいところ。いろいろなタイプの服を着こなすと、さらに人気がでちゃう！

おすすめコーデ

モダン＆ロック
クール系のカッコイイコーディネートがにあうよ！

d おしゃれ度30%

キレイなものへのあこがれはつよいのに、自分にはムリって、あきらめちゃっているみたい。ステキな人をお手本に、小物やヘアスタイルをマネしてみて。コンプレックスにとらわれず、長所をめだたせるコーディネートが見つかるよ。

スクールガール
図書館にいくような、知的コーディネートがオススメ。流行を追いかけるよりも、かえって新しく見えるよ。

おすすめコーデ

次のページで、さらにオススメのコーデアイテムを紹介するよ！

おすすめコーデ★アイテム

前のページの「おすすめコーデ」にプラスアルファして、
おしゃれ上手をめざしてみて！

 のあなた

ボックス型やフィット＆フレアのワンピースで、カワイイコーディネートもいいし、切りかえがはいっているなど、インパクトのある服もにあうよ。ぼうしやヘアアレンジにもこると、おしゃれな子としてさらに評判に！

 のあなた

クールに見せるため、シックなチョイスをしやすいあなた。カラフルな色の組みあわせを意識してみて。お花やフルーツがらのプリントで、はなやかさをだしたり、ロゴやイラストで、めだってみるのもオススメ！

のあなた

個性的でかっこよく、クールな服をえらんでね！ 派手めの大きなアクセサリーや、ブーツやヒールのあるくつをとりいれるのも、おしゃれになる近道だよ。たて長のシルエットをめざすと、うまくいくはず。

 のあなた

ベーシックなアイテムに、チェックやラインなどを組みあわせてみて。でも、地味にまとめるのはNGだよ！ 小物をかわいくしたり、カラフルなトップスでイメージをかえたり、人とはちがうおしゃれにこだわってみて！

Q16 世界一の苦労

世界一おいしいフルーツがとれる木があるよ。
でも、世話がたいへんなんだって。どんな苦労がありそう？

- a 水やりのタイミングがむずかしい
- b めっちゃ高い肥料がいる
- c 鳥や虫にねらわれちゃう
- d 日差しや風によわい

part 1 ほんとうの自分って？

Q17 おしおき部屋はどこにある？

古いお屋敷には、ヒミツのおしおき部屋があるんだって。
さて、それは、どこにあるかな？

- a 屋根うら部屋
- b 寝室のおく
- c 地下
- d はなれの部屋

Q18 ぴったりあうのは？

まんなかにはいることばは、なんだと思う？

恋 → ? → 結婚

- a 池
- b 愛
- c プロポーズ
- d 時間

A16 えらんだ苦労は、あなた自身の欲望の大きさだよ。

あなたのワガママ度は…

a ワガママ度100%
特別あつかいしてもらうのが、大すき。意見がとおらなかったり、あとまわしにされたりすると、ムッとしてしまうかも。

b ワガママ度80%
こだわりがとてもつよく、このみがうるさいよ。思うようにならず、おこってかえったりすると、人気がダウンしちゃうよ。

c ワガママ度20%
ワガママは、いうよりも聞くタイプ。まわりにあわせすぎて、ストレスをためやすいよ。ノーということもだいじ！

d ワガママ度50%
あなたは、本能にさからえないタイプ。おなかがすいていたり、ねむかったりすると、ワガママになりそう！

A17 部屋の位置で、あなたの攻撃性がわかるよ。

あなたのドS度は…

a ドS度10%
きびしくされればされるほど、がんばろうと思えるタイプだね。人にはきびしくできないから、ドS度は低いよ。

b ドS度80%
人がオドオド、アタフタすると、おもしろくなっちゃうタイプ。からかうのはほどほどに。性格美人をめざして。

c ドS度100%
あなたは、ドSクイーン！ ビシバシしごくほど、燃えてきちゃう！ クラスやクラブを勝利にみちびいて！

d ドS度50%
あなたが人にきびしくなるときには、ちゃんと理由がありそう。キツくいうのは、相手のためを思えばこそ！

A18 えらんだことばで、あなたの思考回路がわかるよ。

あなたの天然度は…

a 天然度100%
人とはちがうスケールで生きているあなた。こまかいことを気にしなさすぎて、みんなをおどろかせそう。天然キャラだね！

b 天然度70%
自分では、しっかりしているつもりでも、かなり天然がはいっているよ！ ドジにドジがかさなって、笑われちゃそう。

c 天然度10%
すきがなく、きちんとしているタイプだよ。いつのまにか身近にいる天然キャラのお世話がかりになっていそう。

d 天然度50%
ちゃんとやろうと思えば、パーフェクト。でも油断すると、天然に。いいまちがいも多いんじゃない？

Q19 スイーツ、食べ放題！

スイーツ食べ放題のお店にきたよ。どんなふうに食べる？

part 1 ほんとうの自分って？

 全種類制覇！

 すきなものをすきなだけ

 高そうなもの、めずらしいものから食べる

 おいしそうなものから順番に

A 19 どう食べるかで、あなたの心のすきまがわかるよ。
あなたのさみしがり屋度(やど)は…

a さみしがり屋度(やど)80%(パーセント)

めいっぱい、よくばって食べて、おなかいっぱいになりたいと思うあなたは、まちがいなく、さびしがり屋さん。すきな人や友だちとはなれている時間がたえられないかも。ひとりでいても、たのしくすごせる方法(ほうほう)をさがしてね。

b さみしがり屋度(やど)50%(パーセント)

みんなといっしょにいるのに、ふとした瞬間(しゅんかん)に、孤独(こどく)を感(かん)じそう。それだけ、感受性(かんじゅせい)がつよく、デリケートなハートの持(も)ち主(ぬし)ってことだよ。せつなさややるせなさを人に話すと、フシギとわかってもらえるはず！

c さみしがり屋度(やど)20%(パーセント)

あなたは、超(ちょう)マイペース人間。自分の思いどおりに自由(じゆう)に生きるのが大すき。たまに、さびしさを感(かん)じることもあるけれど、人にあわせてきゅうくつな思いをするよりは、ひとりでいることをえらびそう！

d さみしがり屋度(やど)100%(パーセント)

あなたは、自分のほんとうの気持(きも)ちに気づいていないみたい。ひとりでも平気(へいき)なんていっているけれど、ほんとうはさびしくてしかたがないよ。意地(いじ)をはらずに、「いっしょにいて」とおねがいしてみて。そこから恋(こい)や友情(ゆうじょう)が生まれるよ！

Q20 ウソつきはどこにいる?

保健室にいったら、満員だったよ。でも仮病の子がいるみたい。
さて、それはどの子だと思う?

part 1 ほんとうの自分って?

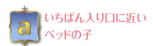
a いちばん入り口に近いベッドの子

b 2番目のベッドの子

c 3番目のベッドの子

d いちばんおくのベッドの子

A20 ベッドの位置(いち)で、あなたのなやみがわかっちゃう。
あなたのなやみは…

a 自分のこと

入り口に近いほど、なやみをうちあけたい気持(も)ちがつよいよ！　いいかえれば、人にわかってほしいということ。思ったようにならなかったこと、ニガテなことなどを、年上の人に話すと、解決(かいけつ)のヒントをもらえそう。

b 人間関係(かんけい)のこと

入り口から２番目のベッドは、家の外でおこっている問題(もんだい)をあらわすよ。たとえば、友だちとのつきあい方など、人間関係(かんけい)のなやみをかかえているんじゃない？　なやんでいる相手(あいて)のことを知らない人に相談(そうだん)してみると、いい答えがでそう。

c 家のこと

入り口から3番目のベッドをえらぶのは、人に話しにくいなやみがあるサインだよ。プライベートなことで問題をかかえていることが多く、家族との関係などでつらい思いをしているかも。先生など大人に相談してね。

d からだのこと

いちばんおくにあるベッドを思いうかべたあなたは、人にいいにくいなやみをかかえているよ。たとえば、体重や体形など、からだの変化やコンプレックスのことでモヤモヤしているかも。保健室の先生や、話しやすい友だちのお母さんに相談してみるといいよ！

おまじない

なやみを ふきとばす

どこでもかんたんにできる、なやみにきくおまじないを紹介するよ。

ツイてない日に、ツキをよくするおまじない

あたたかいドリンクを用意してね。心のなかで自分の名前をさかさにとなえながら、名前の文字数ぶんだけ、時計と反対まわりにかきまぜてね！　かきまぜおわったら、悪い流れをたち切るつもりで、「フッ！」とドリンクに息をふきかけて。こんどは時計まわりで、名前の文字数ぶんだけかきまぜながら、自分の名前を上からとなえると、ツキがかわるよ！

例　「あさい　みな」なら、「なみ　いさあ」で時計と反対に５回、「あさい　みな」で、時計まわり５回でＯＫ！

いいにくいことをハッキリいえるようになるおまじない

さそいをことわったり、友だちがやってはいけないことをしていたら注意したり、いわなくちゃいけないけれど、いいにくいことってあるよね。そんなときは、つま先立ちを９回してから、１回かかとどうしをぶつけて音を鳴らすと、自分の意見をハッキリいう勇気がわくよ！　だれかに見られたら効果がなくなるから、こっそりやってね！

カギはどうする？

家のカギは、ふだんどうやって持ちあるく？

part 1 ほんとうの自分って？

 カワイイぬいぐるみストラップをつける

 カッコイイキーホルダーをつける

 キーケースにいれる

 なにもつけず、おさいふにいれる

A21 カギは、心をひらくためのアイテムだよ。
あなたのコミュニケーション能力は…

a コミュニケーション能力20%

いつものメンバーの前なら自分らしさ全開でおしゃべりができるけれど、よく知らない人がまじると、なにを話していいかわからなくなりそう。仲よしの友だちにかわりに話してもらうようにすると、うまくいくはずだよ！

b コミュニケーション能力50%

おもしろトークで、クラスやグループのメンバーをわかせるのがうまいあなた。つっこみもするどく、笑いのツボはわかっていそう。でもシリアスな話は、受けとめきれないみたい。ウケをねらわなくてもいいと気づいて。

c コミュニケーション能力80%

あなたは、マナー美人。礼儀正しく、タイミングや話し方を考えられるから、いろいろな人とうまくつきあうことができるよ。ただ、いいたいことをいわずにすますクセがあるみたい。ケンカをおそれず、主張してね！

d コミュニケーション能力100%

いいたいことを相手にうまくつたえることができるあなた。だれとでも真心で接するから、相手も心をひらいてくれるんだね。相手がつたえたいことをくみとって、理解することもできるよ。コミュニケーション能力は、ピカイチ！

学校で、かくれんぼ！

学校で、かくれんぼをすることになったよ。どこにかくれる？

a 音楽室など、特別教室や体育館

b 屋上

c トイレ

d 職員室

part 1 ほんとうの自分って？

まちがえられたのは？

人ちがいをされちゃった！　まちがえられた場所は？

a 学校

b 家の近く

c 駅やバス停

d 繁華街

かくれる場所で、あなたが二重人格かどうかがわかるよ！

あなたのうらおもて度は…

a うらおもて度60%

移動しないといけない場所をえらんだあなたは、流れにあわせて、いうことややることをかえるタイプみたい。自分でも気づかないうちに、態度を使いわけていそう。

b うらおもて度10%

屋上の上には、広い空！ 開放感いっぱいの場所にかくれようとするのは、人に知られてはいけないものがなにもないことをあらわすよ。うらおもては、ほとんどなさそう。

c うらおもて度40%

かくれんぼでトイレをえらぶのは、たまに、ひとりになりたい気持ちがあることをしめすよ。ふだんは知らず知らずのうちに、人にあわせてしまうみたい。うらおもては、ちょっとありそう。

d うらおもて度100%

職員室にいくときは、だれでも優等生っぽくなるもの。あなたは、いざとなるとネコをかぶるタイプみたいね。うらとおもてを使いわけても、交わした約束をまもれれば問題なし！

 えらんだ場所の人の多さで、あなたの自分大すき度がわかるよ。

あなたのナルシスト度は…

a ナルシスト度20%

かなりひかえめなタイプみたいだね。クラスメートのなかにいると、うもれてしまう気がするんじゃない？ ナルシスト度は、低め。自分のよさをわかっていないのかも!?

b ナルシスト度40%

家のまわりは、自分らしくすごせる場所といえるよ。そこでまちがわれるのは、学校と家とで、少しキャラをかえているということ。人によく思われたい気持ちがつよいタイプだね。

c ナルシスト度80%

駅やバス停は、みんな、いき先があるから急いでいる場所。つまり、あわてているなら、まちがえられてもしかたないという思いがつよいみたい。ナルシスト度は、高めだよ！

d ナルシスト度100%

いろいろな人があつまる繁華街を思いうかべた人は、かなりのナルシスト。本心では、どんなにたくさんの人がいても、わたしを見まちがうわけがないと思っているの。自己愛のかたまりだよ。

Q24 ひとりぼっちの島

気づいたら、たったひとりで無人島にいたよ！
いったい、なにがあったのかな？

part 1 ほんとうの自分って？

a まさかの遭難！

b 罰ゲーム

c どっきりテレビ番組

d 夢

えらんだ理由で、あなたがラッキーかどうかがわかるよ。

あなたの強運度は…

a 強運度100%

リアルなひとりぼっちの無人島ライフを思いうかべたのは、あなたのなかになにがあってもなんとかなるという自信があるサインだよ。強気の姿勢で道を切りひらけば、強運度は最高潮になるよ！

b 強運度70%

あなたは、自他ともにみとめるトラブルメーカー。ハプニングやアクシデントをひきおこしそう。でも、それをプラスにかえる力をひめているの。ドラマチックな強運人間だね！

c 強運度50%

テレビのどっきり番組で、無人島に連れてこられたと思ったあなたは、特別あつかいになれているよ。せまき門、スペシャルシートを手にする強運の持ち主だね。ここいちばんにつよいよ！

d 強運度20%

夢だと思ったあなたは、あきらめが早すぎるみたい。いい流れがきても、もっとちゃんと手ごたえを持ててからだと思って待ってしまい、チャンスをのがしやすいよ。思いきりよく、賭けにでてみてね！

Q25 お気にいりのドレスは？

魔女の舞踏会にでることになったよ。どのドレスを着る？

part 1 ほんとうの自分って？

 朝の光でつくったドレス

 青空でつくったドレス

 ふわふわの雲のドレス

 キラキラの星空のドレス

ドレスの素材で、あなたの積極性がわかるよ。
あなたの行動力は…

行動力100%

一日のはじまりに生まれる朝の光は、ポジティブなパワーに満ちているよ。あなたは、やりたいと思ったら、すぐにアクションにうつせるタイプ。行動力は、スペシャルレベルだね！

行動力80%

いいお天気の日は気持ちもウキウキして、なんでもやれそうな気がしない？　あなたの行動力は、バッチリ。ただ、ちょっとのんびりしやすいの。とりかかりを早くすれば、満点だよ。

行動力50%

まっ白な雲のドレスを着たら、ふんわりしていて気持ちよくねてしまいそう。のんびりしているぶん、テキパキしたアクションに向かないの。行動力は、ちょっと低めかな。

行動力20%

夜空にかがやく星のようなドレスをえらんだあなたは、キラキラかがやくお姫さまタイプ。自分でがんばるよりも、人にやってもらいたいんじゃない？　力はあるのに、だしおしみしやすいよ。

Q26 イラストタイム

〇を使って、絵をかくなら？

a 太陽にする！

b 動物やゆるキャラにする！

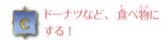
c ドーナツなど、食べ物にする！

d 木や花にする！

part 1 ほんとうの自分って？

Q27 キャンドルに火をつけて

きょうは、大魔女さまの誕生日。いま、499本目のキャンドルに火がともったところ。さて、あと何本、火をつけるのかな？

a あと、1本！ 500歳のお祝い！

b あと、278本。 777歳のお祝い！

c あと、501本。 1000歳のお祝い！

d ちょうどいま、つけおわったところ。499歳のお祝い！

なにをかくかで、あなたの心の動きがわかるよ。
あなたのポジティブ度は…

a ポジティブ度100%

世界を明るくてらす太陽をかいた人は、元気いっぱい。前向きなパワーで、高いハードルも、軽く飛びこえていくよ。ポジティブ度は、最高レベル。リーダーシップも発揮して、キラリとかがやくよ！

b ポジティブ度50%

動物や謎の生き物など、キャラクターをかいたあなたは、明るく、くったくがないタイプ。おもしろいこと、たのしいことに目がなくて、人生をたのしんでいるよ。ポジティブだね！

c ポジティブ度80%

あなたは、まちがいなく、食いしんぼう。おいしいものを食べるためなら、遠くまででかけたり、ならんだりするのも、苦にならないはず。ポジティブパワーは、ハイレベルだよ！

d ポジティブ度30%

木や花など、植物をかいたあなたは、やさしいハートの持ち主だよ。気配り上手で、まわりのことを考えて行動ができるぶん、まよいやすい一面が。「なんとかなる」と楽天的にとらえるハートも持ってみて。

火をつけるキャンドルの数で、あなたの心の年齢がわかるよ。
あなたの精神年齢は…

a 精神年齢＝実年齢

プラス1本で、お祝いがはじまると考えたあなたは、実際の年齢と精神年齢がほぼおなじだよ。大人と子どもの間の、ほんのわずかしかないスペシャルな時間をすごしているよ。

b 精神年齢77歳

あと278本なんて、ややこしい数字をえらんだあなたは、ものごとを深く考えることができる人だよ。精神年齢は、めっちゃ高い。見かけは子ども、なかみはおばあちゃんなんじゃない？

c 実年齢マイナス5歳

おめでたいお祝いだから、いちばんキリのいい年齢と考えたあなたは、ものごとをかんたんに考えるクセがあるみたい。実際の年齢よりも、なかみはおさないかも。精神年齢は、実年齢マイナス5歳。

d 精神年齢19歳

499本って、すごく中途半端な数字。ふつうならばキリのいい数字にしたくなるのに、そこでとめられるあなたは、すごく大人。精神年齢はお姉さんレベルだよ。

Q28 うっかりミスで！

おいしそうなアップルパイ。でも、じつはコレ、失敗作（しっぱいさく）なんだって。なにがいけなかった？

a 砂糖と塩をまちがえた！

b なかみが生焼け！

c なかみをいれわすれた！

d 底がコゲコゲ！

どんなミスかで、あなたの腹黒さがわかるよ。

あなたのブラック度は…

a ブラック度0％

食べたとたん、失敗したとわかるミスを思いうかべたあなたは、すなおな性格の持ち主。思ったことは口にだし、かくしごとはしないよ。ブラック度は0％で、人の意地悪やイヤミにも気づかないエンジェルといえるね。

b ブラック度50％

見かけはバッチリ、でも、なかみに火がとおっていないアップルパイを連想したのは、あなたのなかにわだかまりがあるサインだよ。いいにくいことをいわずにすませて、腹黒化がすすんでいそう。本音とたて前をわけすぎないで。

c ブラック度80％

なかみがはいっていないアップルパイだと思ったのは、無意識のうちに人を見下しやすい性格だから。自分なら、ぜったいにやらないのに……、なんて思っていない？　人のミスをゆるせるやさしい子をめざしてね。

d ブラック度100％

アップルパイの底の部分とおなじように、あなたのおなかは、まっ黒みたい！　知らず知らずのうちに、人をバカにしたり、意地悪ないい方をするのがカッコイイと思っていそう。清らかなハートをとりもどしてね！

Q29 やぶれた地図

これは、宝の地図。でも一部がやぶれちゃっているよ。
さて、見えなくなっているのは？

part 1 ほんとうの自分って？

 けわしい山

 大きな街

 滝

 島

A29 イメージした地形で、あなたにたりないものがわかるよ。
あなたのかくれた欠点は…

a がんばり不足

けわしい山を思いうかべたあなたは、キツい思いをしたくないみたい。むずかしい勉強やハードなレッスンが待っていると、ブルーになりそう。でも、それは、やりとげたよろこびをまだ知らないせい。にげずにたち向かってね。

b 食わずぎらいをしやすい

大きな街は、刺激がいっぱい。まだやったことがないこと、知らないことがあふれているよ。でも、あなたはそれが、地図にはのっていないって考えたの。つまり、新しい刺激に消極的になりがちってこと。食わずぎらいが、欠点といえそう。

c ムキになりやすい

いきおいよく上から下へ流れていく滝があると思ったあなたは、おしつけられるのがニガテだよ。こうしなさい、ああしなさいっていわれると、ぜったいにやるもんかって、思っちゃう。人からいわれる前に自分からやるといいよ！

d つられやすい

島は本来、独立した空間。その島が地図にないと思うのは、あなたがひとりになることをおそれている心理をあらわす。自分の考えがあるのに、みんながいいっていうほうにつられやすいよ。意志をつよく持ってね！

Q30 呪文(じゅもん)といえば？

有名(ゆうめい)な魔法(まほう)の呪文(じゅもん)、どれがきくと思う？

- a アブラカダブラ
- b ひらけ、ゴマ！
- c エクスペクト・パトローナム
- d チチンプイプイ

part 1 ほんとうの自分って？

Q31 強敵(きょうてき)をさがせ！

オーディションに参加(さんか)したあなた。いちばんのライバルはどの子？

- a めっちゃキレイな子
- b めっちゃ歌がうまい子
- c めっちゃダンスがうまい子
- d めっちゃフレンドリーな子

あなたのメンタルのつよさは…

えらんだ呪文で、あなたの心のつよさがわかっちゃう。

a ガラスメンタル
中近東につたわる古い呪文。「このことばのように、消えてしまえ」という意味があり、病気や敵をほろぼすために使われていたというよ。この呪文をえらんだ人のメンタルは、デリケート。ガラス製だね。

b プラスチックメンタル
アラビアンナイトにでてくる魔法の呪文。主人公がとなえると、岩の扉がひらき、盗賊たちの宝物が見つかるの。この呪文をえらんだあなたは、ラクして得するのがすき。少しずうずうしいところも。

c 鋼鉄メンタル
守護霊をよびよせて、味方につけたいときに使う呪文だよ。あなたは、むずかしい問題にたち向かう勇気を持っている、とっても勇かんなタイプ。メンタルも、金属みたいにつよいよ。

d おとうふメンタル
つづくことばを知っている？ 有名なのは、「いたいの、いたいの、飛んでいけ！」だよね。つまり、あなたは無意識にいたい思いをしたくないって考えているの。メンタルのつよさは、おとうふなみ。

あなたは将来有名になれちゃう？

ライバルのつよみは、じつはあなたの長所だよ！

a 世界的な有名人
ライバルは、参加者のなかでいちばんキレイな女の子。つまり、あなた自身もうつくしさにはそれなりの自信があるってこと。うつくしいものをこのむのは、世界共通。有名になるとしたら、世界レベルかも。

b 宇宙規模の有名人
あなたは、人につたえる力をひめているよ。音が、空のかなたへひびきわたるように、人気がいっきにひろがって、すごい有名人になれちゃうかも。本気でがんばれば、宇宙クラスのスターにも!?

c 国民的な有名人
あなたがえらんだのはダンスの名手。そのかっこよさを感じられるのはライブだよね。肌で感じられるものをえらんだあなたが有名になるとしたら国民レベル。でも上をめざせば、世界もねらえるよ！

d ご近所の有名人
ピリピリしたオーディション会場で、性格のよさでめだっている子が気になったあなたは、いい人キャラね。親切ややさしさ、思いやりは、直接ふれあってわかるもの。ご近所レベルの有名人だね。

Q32 どのテーブルにはこぶ？

大人気のパンケーキのお店。
ウエートレスのあなたが次にはこぶのは、どのお客さま？

part 1 ほんとうの自分って？

a 本を読んでいるお客さま

b カップルできているお客さま

c 女の子6人グループのお客さま

d テラス席で、犬といっしょにいるお客さま

パンケーキをとどけた相手で、気配り上手かがわかっちゃう。
あなたの空気読める度は…

a 空気読める度100%

あなたがパンケーキをはこんだのは、おひとりさまで静かに本を読んでいるお客さま。つまり、だまっていて、めだたない人にも、ちゃんと気配りができるということだよ。空気読める度は、100％。みんなに感謝されていそう。

b 空気読める度80%

あなたがパンケーキをはこんだのは、デート中のカップルの席。ラブラブのふたりにもっとハッピーになってほしくて、もり上げ役を買ってみたってことなの。空気を読める度は、かなり高め。恋のセンサーも感度バッチリ！

c 空気読める度50%

あなたがパンケーキをはこんだのは、お店のなかでいちばんにぎやかなテーブル。みんなでワイワイもり上がっている席に、参加したい気持ちがあるみたい。多数決に流されやすく、空気を読むより、その場のふんいきにのまれやすいタイプだね！

d 空気読める度20%

あなたがパンケーキをはこんだのは、たった一組だけ、テラス席にいるお客さま。店内にいる人よりも先にはこぶのは、もめごとをさけたい心理のあらわれだよ。空気を読んでいるつもりでも、ラクなほうに流されやすいから気をつけてね。

Q33 ラビリンスを抜けて！

ラビリンスにはいって、アイテムを手にいれながら出口をめざしてね！　最初に手にいれたのは？

part 1 ほんとうの自分って？

 リンゴ

 剣

 鏡

 本

えらんだアイテムで、自分を管理できるかどうかがわかっちゃう。
あなたの自己管理能力は…

a 自己管理能力20%

いちばんにリンゴを手にいれたあなたは、すぐに結果がでないとイヤになっちゃう一面があるみたい。やるときめても、めんどうだとサボッて、結果的になにもしなくなるおそれがあるよ。自己管理はニガテ。人に監視してもらうとうまくいくよ。

b 自己管理能力100%

ラビリンスのなかで、最初に剣を手にいれたあなたは、困難にたち向かう勇気の持ち主。ハードな条件ほど、ヤル気がでて、がんばりがききそうだね。自己管理能力が高くて、やるときめたら、ぜったいにやりぬくタイプだよ。

c 自己管理能力80%

ラビリンスのなかで、まず、鏡にたどりついたあなたは、どんなときでも冷静な判断をくだせる知性派だよ。なんのためにやるのか、目的がハッキリしていれば、がんばれるよ。自己管理能力は、ハイレベルなしっかり者だね。

d 自己管理能力50%

ラビリンスのなかで、本を手にいれたあなたは、まず、カンタンにできるかどうか考えるクセがありそう。むずかしそう、ややこしそうと感じると、あきらめちゃうみたい。そんなときは、友だちといっしょにはじめると、がんばりがきくよ！

プチ心理テスト

part 1 ほんとうの自分って？

Q1
夜空にキラッと光るものが！
流れ星？
UFO？

Q2
知らない街で迷子になっちゃった。
道を聞く？
とりあえず歩く？

Q3
友だちがあなたのコップのジュースを飲んじゃった。
友だちに注意する？

Q4
ほしかった文房具が、最後の1個に！
買う？
買わない？

Q5
あなたがノートに書く字は、
大きい？　小さい？
ふつう？

Q6
くつを買いにいったら、サイズがあわなかったよ。
大きい？　小さい？

Q7
風船をできるだけ、大きくふくらませるよ。
われる？　われない？

Q8
空を飛ぶよ。
ふわっと飛ぶ？
びゅんと飛ぶ？

Q9
ラブソングと聞いて思いうかべるのは、
男性シンガーの歌？
女性シンガーの歌？

Q10
歩いていたら、いきなり道が動きだした！
前へすすむ？
うしろに下がる？

Q11
映画館で食べるなら、
あまいポップコーン？
しょっぱいポップコーン？

Q12
おフロで先にあらうのは、
おなかより上？
おなかより下？

診断

A1 あなたの運のつかみかたは…
流れ星……チャンスをモノにするのがうまいよ。自分で運を切りひらいていくタイプだね。
UFO……流れにのって運を受けいれるタイプ。流れにさからわないことで運をつかめるよ。

A2 あなたの直感力は…
道を聞く……野生のカンにぶりまくりで、直感力はイマイチ。でも、人を見る目は、あるほうだよ。
とりあえず歩く……自分の直感を信じるタイプで、直感力はバッチリ。ただ、つかれるとにぶるよ。

A3 あなたにピッタリのダイエット方法は…
友だちに注意する……ダイエットしていることをオープンにするほど、成功率が高まるよ。みんなに宣言してから、ダイエットにとりくんでみて！
なにもいわない……ないしょでこっそりダイエットをするのが、あなたにはオススメ。がんばりがきくはず。

A4 あなたは本番によいタイプ？
買う……あわてやすくて本番によわいよ。本番前に右左右と足ぶみすると、あがり防止に！
買わない……度胸があり、本番につよいよ。実力を発揮できるはず。

A5 ピンチでのあなたの底力は…
大きい……つまずくとへこみやすいよ。ひらきなおって。
小さい……いざとなるとつよいよ。
ふつう……力をだしおしみしやすいよ。失敗をおそれずにすすんで。

A6 あなたが思うあなた自身のイメージは…
大きい……マイナスイメージがあるみたい。欠点を気にしすぎだよ！
小さい……プラスイメージの持ち主。自分のいいところをわかっているね。

A7 あなたにはガッツがある？
われる……ガッツがあるタイプ。いつも全力投球でがんばる熱血派。
われない……ガッツはイマイチ。がんばるのがはずかしいのかも。本気になるとたのしいよ。

A8 あなたのベストパートナーは…
ふわっと飛ぶ……こまやかな気配りが得意。だから、さっぱりした性格の人と相性がいいよ。
ぴゅんと飛ぶ……男まさりで、思いきりがいいタイプ。だから、かわいらしい人とうまくいくよ。

A9 あなたは両親のどちらににている？
男性シンガーの歌……パパにているよ。異性のパパのあなたは、パパのいいところをとりいれてみてね。
女性シンガーの歌……ママにているよ。同性のママのあなたは、ママの悪いところはマネしないようにね。

A10 あなたの思考回路は…
前へすすむ……楽天的で、ものごとのいいところを見るのが得意だね！
うしろへ下がる……注意深くて、ものごとの問題点を見つけるのがうまいよ。

A11 あなたの実力をのばす方法は…
あまいポップコーン……たのしい計画をたてて、目標をクリアしたらごほうび、という方式で計画を実行すると、がんばりがきくよ。
しょっぱいポップコーン……成果をグラフや表にすると、ヤル気がでるよ。

A12 あなたはなやみやすいタイプ？
おなかよりも上……小さいことでよくよくよしやすく、なやみやすいタイプだね。
おなかよりも下……なやんでいても、ほかに気になることがあるとわすれちゃうタイプだよ。

パート2
友だち関係をチェック！

ときには意見があわないこともあるけれど、友だちって宝物のような存在だよね。友だちとのリアルな関係性をズバリ診断！　友だちとさらに友情を深められるポイントがわかるよ。

Q1 友だちからどんなタイプだと思われている?

1 クラス委員をやったことがある?

a. ある……**2**へ

b. ない……**3**へ

2 あそびの計画、さそうほう? さそわれるほう?

a. さそうほう……**5**へ

b. さそわれるほう……**4**へ

3 男の子ともよくいっしょにあそぶほう?

a. あそぶ……**5**へ

b. あそばない……**6**へ

4 休み時間になると?

a. 友だちの席にいく……**7**へ

b. 友だちがあつまってくる……**5**へ

5 ちがうクラスや学校に親友がいる?

a. いる……**7**へ

b. いない……**8**へ

6
上級生とも友だちになれると思う？

a．思う……**5**へ
b．思わない……**8**へ

7
友だちの友だちは、気があうと思う？

a．気があうと思う……**9**へ
b．相手によると思う……**10**へ

8
友だちとおなじ人をすきになったら？

a．友だちに話す……**11**へ
b．だまってゆずる……**12**へ

9
相談はするほう？されるほう？

a．するほう……**A**タイプ
b．されるほう……**B**タイプ

10
友だちとあそびにいくなら？

a．おおぜいがいい……**B**タイプ
b．ふたりがいい……**C**タイプ

11
友だちが、あなたと仲よくない子と話していたら？

a．ふたりに話しかける……**C**タイプ
b．話がおわるのを待つ……**D**タイプ

12
友だちとおそろいで持つなら？

a．アクセサリー……**D**タイプ
b．文房具……**E**タイプ

診断は次のページを見てね！

A1 まわりの人たちにとって、あなたはどんな存在？
友だちから見たあなたのタイプは…

A たよれるリーダー

あなたは、前向きでエネルギッシュで、特別な存在。まわりからそんなふうに思われているよ。天性のリーダーシップとスター性を持っていて、みんなを代表してなにかをしたり、人の上にたってテキパキしきったりするのがにあうよ。周囲の期待にこたえて、堂どうとセンターにたって！ フェアな態度が、人気をもり上げるはず！

B するどいご意見番

あなたは、みんなからいちもくおかれる存在だね。おちついたふんいきだし、深くものごとを考えるから、いざというときに意見を聞きたいと思ってもらえるの。人の話を親身になって聞いてあげると、相手の役にたてるし、あなた自身の視野もひろがって、おたがいにいいことがたくさんあるよ。また、毒舌ツッコミも、みんなにすごくウケるよ！

C にぎやかなもり上げ役

いつもいっしょにいられたらいいな！　あなたは、まわりからそんなふうに思われているよ。明るくてたのしく、ノリがよくて、クラスやグループになくてはならない存在。発想もユニークで、おもしろいよ！　ただ、おおぜいでいるときはハイテンションでいられるけれど、1対1になると、シャイになることも。そんなときはリラックスしてね。

D おしゃれなアイドル

あなたはかわいくて、めっちゃモテそう！　みんなのあこがれの存在だね。人の心をくすぐる魅力があって、まちがいなく愛されキャラだよ。ただ、めだつぶん、ヤキモチを焼かれちゃうことも。ホメ上手になって、みんなのいいところをおしえてあげて。ルックスだけじゃなく、性格もいいと評判に！

E 天然キャラ

個性ゆたかで、おもしろい子！　あなたは、まわりからそんなふうに思われているよ。自分では大まじめなのに、なぜか予想外の展開になって、みんなを笑いのうずにまきこんでいくよ！　考え方も行動も、自由でのびやかだから、そばにいるだけでホッとする子も多いみたい。マイペースなところが魅力だね！

Q2 魔法の舞踏会

魔法の舞踏会に招待されたあなた。会場に知り合いはいた？

 いっぱいいた

 ひとりもいなかった

 数人いた

 話したことがない子がいた

絵をかくとしたら？

きょうは、魔法学校のスケッチ大会。絵にかくなら？

a 空飛ぶほうき

b 魔法の鏡

c 水晶玉

d 魔法のつえ

えらんだ人数で、友人関係が充実しているかがわかるよ。

あなたの友情リア充度は…

 リア充度100%

はなやかで、人をひきつけるパワーがあるあなた。どこにいっても話の中心に。リア充度はピカイチ！　さびしそうにしている子にも、あなたから積極的に声をかけてね。

 リア充度20%

ワイワイさわぐのがニガテなあなた。たまにがんばってもり上がると、次の日にぐったりしちゃうかも。マイペースに、じっくり友情をはぐくむのがあっているよ。

 リア充度80%

友だちいっぱいで、たのしい毎日だけど、たまに孤独を感じることも。やりたいことがほかにあるなら、たまには別行動をとってみて。思いがけず、気のあう友だちが見つかるかも！

 リア充度50%

友だちといて、たのしいときと、そうでもないときの差がありそうだね。自分の話ができないと、ものたりなく感じるみたいだけど、相手の話を聞くようにすると、もっと友だちがふえるはずだよ。

 えらんだ道具で、友だちとうまくやっていけるかがわかるよ。

あなたの協調性は…

 協調性100%

空を自由自在に飛びまわる魔法のほうきをえらんだあなたは、フットワークが軽く、柔軟性バツグン！　どんなタイプの人ともうまくあわせることができるよ。ときには自分のことを優先してね。

 協調性50%

魔法の鏡は、知りたいことを聞けば答えてくれる便利な道具。もしかして、友だちに、なんでも聞いていない？　友だちとは、持ちつ持たれつの関係が理想というあなたの協調性は、50%くらい。

 協調性30%

いつでも知りたいことを見せてくれる水晶玉をえらんだあなたは、めんどうくさがりでマイペース。人にあわせるよりも、自分がすきなように動くから、協調性は低め。相手のつごうも考えてね！

 協調性70%

魔法のつえをえらんだあなたは、サービス精神があり、責任感がつよいの。友だちのために、できることはなんでもしてあげたくなっちゃう。けど、先まわりしすぎると、失敗するから気をつけて。

ピクニックに持っていくなら？

みんなでピクニックにいくよ！
いちばんいいと思うものを、それぞれえらんでね！

1. ぼうしをかぶるなら？

    a. 麦わらぼうし   b. キャップ   c. キャスケット

2. ピクニックシートはどのもようにする？

    a. チェック   b. ストライプ   c. 水玉もよう

3. 持っていくドリンクは？

    a. オレンジジュース   b. スポーツドリンク   c. 麦茶

 aがいちばん多かった人   bがいちばん多かった人

 cがいちばん多かった人   a、b、cバラバラだった人

すきなもので、親友になれる友だちのタイプがわかるよ。

相性バッチリの友だちのタイプは…

a やさしく、思いやりがある子

ざっくばらんで気どらない行動派のあなたにピッタリなのは、なんでもおもしろがってノッてくれる協調性がある友だちだよ。相手は基本的に受け身だから、「よかったら、いっしょにやらない？」とさそってみて。こまかいことによく気がつく、フォロー上手な親友になってくれるよ！

b さっぱり、体育会系

スタイリッシュでスマートなあなたにピッタリなのは、自分の気持ちをストレートにぶつけてくれる体育会系の友だち。もめるのがイヤで、いいたいことをガマンしちゃうあなたにかわって、まちがったことは注意してくれるよ。うらおもてがなく信頼できるから、大親友になれるよ。

c おしゃれで、カワイイ子

あなたにピッタリなのは、あなたによくにたタイプの友だちだよ。考え方や感じ方、センスや行動パターンが近い子と仲よくしてみて。まるでふたごの姉妹のように、おたがいの気持ちがよくわかるから、いつでも、いつまでも仲よしなベストフレンドでいられるよ！

d 個性的で、おもしろい子

視野がひろくて、フットワークが軽めで、ひろい世界に飛びだしていけるあなたには、自分のやりたいことを持っている、のびのびとした自由な子があうみたい。いつもいっしょにいたがる子だと、ちょっとつかれちゃう。夢や目標を持っている子と一生の友情が生まれそう！

リーダーはだれ？

あなたは、名プロデューサー。アイドルグループのリーダーをえらんで！

part 2 友だち関係をチェック！

 グループでいちばん、歌がうまい子

 グループでいちばん、ダンスがうまい子

 グループでいちばん、カワイイ子

 グループでいちばん、性格がいい子

えらんだリーダーのタイプから、友情を深めるためのベストな方法がわかるよ。

友だちと、もっと友情を深めるには…

a もっとさそい上手になってみて！

歌は、ストレートに思いをつたえるよ。あなたも、もっと自分の気持ちをオープンにすると、友情が深まるよ。たのしそうなプランに、友だちをさそうのもオススメ。

b もっともり上げ上手になってみて！

スタイリッシュなあなた。クールに見えるタイプだからこそ、はしゃいだり、テンションが上がったりすると、そのギャップで魅力全開に！友情も、もり上げていこう！

c もっとホメ上手になってみて！

「カワイイは正義」が、モットーのあなた。女子力が高いからこそ、あなたのホメことばはリアルにひびくよ！　友だちのいいところを見つけたら、すぐにホメるとよろこばれるはず。

d もっと聞き上手になってみて！

リーダーは、性格がいい子におねがいしたい！　そう思うあなたは、平和主義者。好感度は高いけれど、めんどうなことはスルーしがち。もっと、聞き上手になると、友情が深まるよ。

ふたつの約束

友だちとすきな男の子との約束がかぶっちゃったらどうする？

 友だちとの約束のあとに、カレと会う

 カレと会ってから、友だちに会う

 両方の約束をいっしょにしちゃう！

 両方に話して、きめてもらう

part2 友だち関係をチェック！

えらんだ答えに、あなたが優先する順位がかくれているよ!
友情と恋、だいじに思っているのは…

a 恋がだいじ!

あなたにとって、いちばんだいじなのは、恋みたい。まよいのないまっすぐな思いが、大すきな人につたわって、相思相愛になれそうだね。そのぶん、友情はあとまわしに。友だちのフォローはしっかりね!

b 友情がだいじ!

いざとなったら、恋より友だちをとるあなた。いいかえれば、まだ、心からすきな異性に出会えていないのかも! あなたが恋に本気になったときは、きっと友だちがあなたの恋を応援してくれるよ。

c どっちもだいじ!

デートとあそびの約束を同時にしようとするあなたは、自分の気持ちにすなおなタイプ。大すきな人たちどうしも仲よくしてほしいとねがっているよ。恋も友情も、うまくやれるはず。

d 自分がいちばんだいじ!

約束のバッティングはしかたがないけれど、友だちとすきな男の子に話しあってもらえばいいって思うのは、両方をだいじに思っていないってこと。自分がいちばんすきみたいだね。

海賊船に侵入！

海賊につかまった友だちをたすけにいくよ！
さて、友だちはどこにいるかな？

part 2 友だち関係をチェック！

 甲板から飛びでている板の上を歩かされている

 マストにしばられている

 船長室にとじこめられている

 船底で、船をこがされている

友だちがいる場所から、あなたの独占欲がわかるよ！
友だちにたいする独占欲は…

a 独占欲10%

友だちは、海につきおとされそうになっているよ。状況は大ピンチ！これをえらんだのは、あなたが友だちをたすける自信があるから。友だちとは、逆境をくつがえせるほどの深い信頼でむすばれているから、いまのところ独占する必要はなさそう。

b 独占欲50%

マストにしばられている友だちは、なわをほどかないと、自由にはなれないよ。あなたは、友だちをひとりじめしたい気持ちがあるみたい。自分の知らないところで、ほかの子と仲よくしてほしくないと感じているんだよ。

c 独占欲100%

船のなかで、いちばんえらいのが、船長。そんなVIPルームに友だちがとじこめられていると思うのは、大すきな子を独占したい気持ちのあらわれだよ。だれよりもだいじにするから、どこにもいかないで自分だけを見てほしいと思っているはず！

d 独占欲70%

暗い船の底で、海賊たちにこき使われている友だちを思いうかべたあなたの独占欲は、ちょっとつよめ。自分がたすけてあげないと、ひどいめにあうかも？　って考えていそう。友だちのうらぎりやよそ見は、ゆるせないタイプだね。

Q8 ミラクル・フルーツ・バスケット…!?

友だちが、フルーツに変身しちゃった！ 身近な子の名前をいれてみてね！

part2 友だち関係をチェック！

a リンゴ

b バナナ

c パイナップル

d イチゴ

e オレンジ

フルーツのイメージで、友だちをどう思っているかがわかるよ。

友だちのこと、どんなふうに思っている?

a たよれる!

リンゴは、知恵の実。リンゴに変身した子のことを、あなたは、とてもたよりにしているみたい。あなたがこまっていると、「こうすればいいんじゃない?」って、いいアイデアをくれるはず。相談相手にぴったりだよ。

b つきあいやすい

バナナは、さっとむいて、すぐに食べられる、わたしたちにパワーをくれる食べ物だよ。あなたにとって、バナナにたとえた友だちは、気さくに話せて、いつでもたのしくすごせるだいじな存在なの。よきあそび仲間だね!

c 刺激的!

パイナップルの皮には、トゲがあるよね。でもなかみは、あまくてジューシー! 友だちは一見とっつきにくいけれど、話してみると、じつはすごくたのしい相手なの。いっしょにいると、おたがいに可能性をひろげられる相手だよ。

d カワイイ

三角形のまっかなボディー、緑色のかんむりまでつけているイチゴは、とても愛らしいフルーツ。あなたは、その友だちのことをカワイイと思っていて、大すきだよね。たのしいことや、おもしろいこと、なんでもシェアしたい親友だよ!

e 尊敬!

オレンジは、その色から太陽のシンボルだよ。友だちがそばにいるだけで、明るく、前向きな気分になれちゃうんじゃないかな? バイタリティがあって、なんでもテキパキやれちゃう、お手本にしたい友だちだよ。

お世話をするなら？

伝説の生き物のあかちゃんのお世話をすることになったよ。
あなたが担当するのは？

 ドラゴンの
あかちゃん

 マーメイドの
あかちゃん

 フェニックスの
あかちゃん

 ペガサスの
あかちゃん

part 2 友だち関係をチェック！

失敗した理由は？

せっかく買った魔法のドレスだけど、返品することに。どうしてかな？

 サイズがあわなかった

 ちがう品物がはいっていた

 へんなにおいがした

 見えにくいところが
よごれていた

えらんだあかちゃんで、あなたが世話ずきかどうかがわかるよ!

あなたの友だちへのおせっかい度は…

おせっかい度50%

やがて見あげるほど大きくなるドラゴンは、あかちゃんでも、パワーがあって元気。ドラゴンをえらんだあなたは、友だちをお世話するつもりが、よけいなことだった、ということがありそう。

b おせっかい度80%

上半身は人間、下半身は魚というフシギな生き物のマーメイドをえらんだあなたは、自分とちがうものを持っている人に、気をつかってお世話しちゃうところがあるみたい。おせっかい度は高めだよ。

おせっかい度100%

フェニックスは、燃えるほのおにつつまれているの。ヤケド覚悟で、お世話するあなたは、おせっかいなタイプ。たのまれていないことも、ついてだすけしたくなるから、でしゃばりすぎに注意して。

d おせっかい度0%

ペガサスは、つばさを持っている馬。馬は、生まれてすぐに自分の足でたつことから、自立をあらわす生き物なの。ペガサスをえらんだあなたは、友だちのお世話はしないほうがいいと思っているよ。

 返品の理由が、あなたのNGポイントだよ。

友だちのいちばんゆるせないところは…

じまんをするところ

あなたは、ありのままの自分でいることがすき。だから、自分を大きく見せようとする子は、ニガテだよね。じまん話ばかりされると、「もうわかったから、だまって!」といいたくなりそう。

ウソをつくところ

ゆるせないのは、ウソ。いったこととちがうことをやる子とは、つきあえないって思っているよ。ただ、だれにでもまちがいはあるよ。わざとじゃないときはゆるしてあげてね。

ヒミツにするところ

へんなにおいがするということは、あなたにわからないところで、においがつくような、なにかがあったということ。つまり、ないしょにされるのが、なによりもイヤなの。ヒミツが多い子とはあわないよ。

ズルをするところ

ひきょうなことや不正をする人がニガテなあなた。友だちがちょっとズルをしたら、最初はガマンできても、だんだんゆるせない気持ちがつよくなって、はなれていくことになるよ。

Q11 キャンプで大かつやく！

みんなで、キャンプにきたよ！
友だちといっしょにやるなら、どのかかり？

 テントがかり　　 まきひろいがかり

 お料理がかり　　 魚つりがかり

えらんだかかりで、あなたの友だちのなかでのたち位置がわかるよ。

仲よしグループでのあなたのポジションは…

a 縁の下の力持ち

キャンプ中、テントは、みんなの基地になるよ。なくてはならないものを組みたてるかかりになったあなたは、グループのなかでも、いつもたいへんなことをひきうけてくれる、たよりになるタイプだよ。みんなをささえる縁の下の力持ちだね！

b 情報通

まきひろいは、森や林のなかから燃やすための木や草をあつめる役目だよね。つまり、ふだんから、みんなの役にたつものをキャッチするのが得意ということなの。グループでは、なんでも知っている情報通になるよ。

c もり上げ役

キャンプのたのしみは、やっぱり食事！　おいしいものを食べたいというみんなののぞみをかなえる役目をひきうけるのは、あなたがサービス精神旺盛なタイプだからだよ。グループでいちばんのエンターテイナーだね！

d リーダー

魚がうまくつれないと、食べるものがなくてグループのみんながこまっちゃうよね。確実に成功する保証がないことにでも、あえてチャレンジするあなたは、まちがいなくグループをひっぱっていくリーダータイプだよ！

魔法のリング

このリングには、魔法がやどっているよ。
さて、なにができるのかな？

 人の心をあやつることができる

 ねがいをかなえることができる

 未来を見とおすことができる

 人をうつくしくかえることができる

インタビューされちゃった！

街を歩いていたら、インタビューされたよ。
なにを聞かれた？

 政治や経済の問題について

 芸能人やスポーツ選手について

 地元のおいしいお店の場所について

 あなた自身がいま、気になっていることについて

A12 魔法のリングは、あなたのまわりへの影響力をあらわすよ。

あなたのまわりへの自己アピール度は…

a 自己アピール度100%
魔法のリングで、人の心を思いのままにできると思ったあなたは、アピール力バッチリ！ 友だちがこのみをわかってくれていて、先まわりして動いてくれそう。ねがいがかないやすいよ！

b 自己アピール度50%
ねがいをかなえられる魔法のリングを思いうかべたあなたは、ふだん、ガマンすることが多いということだよ。ねがいをリクエストするタイミングがおそすぎるみたい。意見は早めにいおう！

c 自己アピール度30%
魔法のリングで未来がわかるようになると思ったあなたは、いつも先のことがわからなくて苦労しているみたい。もっと自分の意見をいって、アピールしていくといいよ。

d 自己アピール度80%
魔法のリングで、人をキレイにできると思ったあなたは、かなりアピール上手なタイプだね。意見や希望を相手につたえるのが上手だよ。まわりからいちもくおかれていそう。

A13 インタビュー内容で、友だちに依存しているかどうかがわかるよ。

あなたは友だちにたよられるタイプ？ あまえるタイプ？

a 友だちからたよられるタイプ
あなたは、大人っぽいタイプだね。むずかしいことを聞かれても、あわてずにおちついて答えられるところがスゴイと、友だちに思われているよ。たよられることが多いはず。

b たより、たよられるタイプ
友だちとのパワーバランスは、バッチリ！ 自分がこまったときは相手をたより、相手がこまったら、力をかす対等な関係になっているよ。おたがいにかけがえのない存在といえそうだね。

c 友だちにあまえないタイプ
あなたは、サービス精神旺盛で友だちをたのしませるタイプ。深刻なのはニガテだから、つらいときでも自分で解決しようとするよ。でも、友だちはさびしがっているかも。ときには友だちをたよってみて。

d 友だちにあまえるタイプ
あなたは、自分で思っているよりも、自分のことがすきみたい。知らず知らずのうちに、友だちにあまえてしまうよ。友だちがたいへんなときは、あなたも力をかしてあげてね。

Q14 マンガの世界へスリップ！

マンガの世界にまぎれこんでしまったよ。さて、どんなマンガだった？

part 2 友だち関係をチェック！

a 学園マンガ

b ファンタジーマンガ

c SFマンガ

d 歴史マンガ

思いうかべた物語の舞台が、幸運をひきよせるパワースポットだよ。

あなたに親友ができる場所は…

 学校

学校が、あなたのハッピーパワーが高まる場所だよ。クラブ活動や委員会、かかりの仕事をいっしょにやったりして、クラスメート以外にも、特別な友情が生まれそう。いろいろなことに前向きにとりくんでね！

 趣味のあつまりやあそびにいった場所

空想的なファンタジーマンガをえらんだあなたは、イメージがかきたてられる場所がパワースポットなの。趣味や、あそびをつうじて、友情が生まれるよ。興味のあることや気になることに、積極的にとりくんでみて。

 習い事先や合宿所

タイムスリップしたり、科学が進化した未来の世界が舞台だったりするSFマンガは、知りたいと思う気持ちを刺激するよ。あなたのパワーが高まるのは、もっと知りたいと思える場所。習い事や合宿で親友が見つかりそう。

 歴史や文化を感じる場所

歴史のなかにまぎれこんでしまったと考えたあなたは、昔からあるものにふれたときに、かくれたパワーがめざめるみたい。歴史や文化を感じる場所にいるときに出会った子が、特別な親友になりそうだよ。

Q15 みんなでレストランへ

男女ふたりずつの仲よし4人組で、レストランにいくなら、どのすわり方がいい？

 窓がわの席で、となりは女の子

 窓がわの席で、となりは男の子

 通路がわの席で、となりは女の子

 通路がわの席で、となりは男の子

A15 席のえらび方で、異性との距離がわかるよ。

あなたは男の子とも友情が成立する？

 男の子の友だちができるタイプ

いわゆる女王さまキャラのあなた。パッとめだつはなやかさがあって、人の心をつかむのがうまいよ。男友だちが多いタイプだね。とうぜん、異性からもモテるけれど、いざ、恋人をえらぼうとすると、ひとりにしぼりきれないかも。

 男友だちが恋人にかわるタイプ

自分の気持ちに正直なあなた。イヤなことはイヤ、すきになったらすきと、ハッキリと自己主張ができるはず。だから異性にとっては、すごくつきあいやすくていい友情も生まれるの。恋をしたら、友だちから恋人に昇格する可能性が大きいよ。

 男の子とは友だちにならないタイプ

やさしくて、ひかえめなあなたは、まわりにあわせて動くタイプだね。男の子からの人気も高いけれど、1対1になると、どうしていいかわからなくなってしまうみたい。友だちにはならずに、恋人だけ、だいじにするタイプだよ。

 男の子の親友ができるタイプ

あなたは、いわゆる「いいヤツ」だね。人の気持ちがよくわかって、サポートやフォローをするのがうまいよ。さっぱりした性格が愛されて、男の子ともいつのまにか親友になりそう。恋や愛をこえたきずなが生まれるはず！

Q16 友だちといれかわったら?

友だちとぶつかったひょうしに、からだと心がいれかわっちゃった!
なにがいちばんたいへんだと思う?

part2 友だち関係をチェック!

a みんなに信じてもらうこと

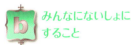
b みんなにないしょにすること

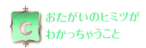
c おたがいのヒミツがわかっちゃうこと

d もとのからだにもどる方法をさがすこと

なにをたいへんだと感じるかで、ケンカする理由がわかるよ。

友だちとのケンカの原因になるのは…

a 意見がわかれること

自分の意見がいいといって相手にゆずらないでいると、ケンカになっちゃうよ。ためしに友だちのやり方でやってみたら？ どうしてもイヤなら、ケンカになる前に話をやめて、二度と話をむしかえさないようにしてみて。

b ヒミツをバラしちゃったこと

あなたがケンカをするとしたら、口をすべらせることが原因みたい。友だちのヒミツはまもらなくてはいけないのに、ついうっかり、ポロッとしゃべっちゃって、たいへんなことに。思いきって、ないしょ話をしないのもオススメ。

c 弱点をつかれたこと

自分でも気にしていることを友だちにいわれたら、カチンとくるし、ゆるせないって思っちゃうよね。友だちとケンカになるのは、それがきっかけみたい。友だちの長所を見るように心がけてね。

d よゆうがないこと

イライラ、カリカリしているときに、つい、きついいい方をしちゃうことって、だれにでもあるよね。あなたは、とくにそれで失敗しやすいみたい。時間によゆうをもって行動して、ひろい心で友だちと接することを心がけてね。

Q17 整理整とんをするなら？

部屋の大きな家具をひとつ動かして、
整理整とんするなら、どれを動かす？

part 2 友だち関係をチェック！

 ベッド

 洋服ダンス

 テーブル（机）

 ドレッサー

A17 動かした家具に問題解決のヒントが！
友だちとケンカをしたとき仲なおりの方法は…

べつの友だちに間にはいってもらう

ベッドはやすらかにくつろげる場所。ケンカをしたときのあなたの本音は、もめたくないってことなの。自分では、どうしていいかわからないときには、だれかに間にはいってもらうとうまくいくよ。

すなおにあやまる

着がえることで気分や役わりをかえたりすること、あるよね？ 洋服ダンスを動かすのは、態度をかえなさいってメッセージなの。意地をはるのをやめて、すなおに「ごめんなさい」っていってみて。それが、いちばん！

手紙を書く

勉強をしたり、なにかの作業をしたりするために使うテーブル（机）を思いうかべるのは、おちついて考えれば、答えが見つかることをあらわしているの。自分が思っていることを、手紙に書いてみて。きっと、いい解決のヒントが見つかるよ。

話しあう

ドレッサーは、身だしなみをととのえるためにある家具だよね。鏡に自分をうつして、おかしなところがないかチェックするように、ケンカをしたときに、友だちとのやりとりのなかで悪いところがなかったかどうかを見なおすことがだいじなの。じっくり話すといいよ。

Q18 映画にでるっていいたいけれど…

映画にでることになったよ。でも、ちょっと人には、いいにくい。
さて、それはどうして？

- a はじまって1分で、死ぬ役だから
- b エキストラで、一瞬しかうつらないから
- c 特殊メークで、だれかわからないから
- d 水着になるから

part 2 友だち関係をチェック！

Q19 友だちが悪の組織にはいってしまい…

友だちが悪の手先に！　友だちのポジションは？

- a バツグンの存在感！ラスボス

- b 紅一点の女幹部

- c 味方のフリして、じつは、スパイ！

- d 全身タイツの下っぱ

A18 人にいえない理由は、あなたのヒミツをあらわしているよ。

あなたが友だちに知られたくないと思っていることば…

a 短気さ
でてきてすぐに死んでしまう役は、話題性バツグン！ でも、あなたはからかわれるのがガマンできないみたい。腹がたってもすぐにいいかえしたりしないで、笑顔をキープしていこうね！

b 嫉妬深さ
自分よりもほかの子が注目されていると、イラッとしそうだね。でも、その思いをバネにすれば、成長できるはず。まず、「くやしい」と思う自分をみとめてみて。あとは、努力をするだけ！

c 本音
ほんとうの自分を見てほしいけれど、ガッカリされるのはイヤというのが、あなたの本音。だから、つい、かっこつけちゃう。でも、やりたくないこともガマンできるのは、すごいことだよ。

d ナルシスト度
じつは、自分のことが大すきなあなた。水着になったことはいいたくないけれど、だれかが気づいてくれたら、うれしい。理想の自分に向かうための気持ちがつよく、その力が成長につながるよ。

A19 悪の組織のなかのポジションで、友だちの腹黒さがわかるよ。

友だちのブラック度は…

a ブラック度50％
友だちは、たて前と本音を使いわけているタイプみたい。あんまり仲よくない相手とは、ガードしながらつきあうけれど、仲よくなると、まっ白なハートで向きあってくれるよ。

b ブラック度80％
友だちは、かなりブラックなタイプ。でも、それを知っているあなたも、じつは同類だよ。おたがいに、手のうちはバレバレ。気もあうし、なんでも本音で話せる悪友になるはず。

c ブラック度100％
友だちのブラックさは、折り紙つき。ズルいし、うらおもてがあって、完全に悪の組織がわだね。だけど、それをガマンしてつきあう魅力がありそう。わりきってつきあうとたのしいよ。

d ブラック度10％
あなたが思っているとおり、友だちはすなおないい子だよ。といっても、やさしすぎるから、つよくいわれるとさからえないだけ。ブラック度は、ほとんどないけれど、ちょっと流されやすいかも。

大食いチャレンジ！

友だちといっしょに、30分で食べきれたらタダになる
チャレンジメニューに挑戦するよ。結果はどうなりそう？

 史上最速タイムを
たたきだす！

 5〜10分よゆうをのこし
て、完食！

 30分ギリギリでセーフ！

 残念！ 食べきれず、
お金をはらうことに。

part 2 友だち関係をチェック！

特別レッスンによびだし中

ブレーメンの音楽隊をめざす動物たちがいるよ。
さて、いちばんレッスンが必要なのは？

のんびり屋の
ロバ

せっかちな
イヌ

気まぐれな
ネコ

調子にのりやすい
ニワトリ

チャレンジの成功具合で、友情のこれからがわかるよ。

あなたの友情長つづき度は…

a 友情長つづき度30%

友だちといっしょなら、すごいことができる！ あなたはいつも、そう思っていそう。その半面、ダメだと人のせいにすることも。つらいときこそ、ささえあってね。

b 友情長つづき度50%

友だちと力をあわせるのもすきだけど、自分だけでどこまでやれるかたしかめたい気持ちもつよいみたい。あなたが友だちをきらっているとかんちがいされないように、うまく説明してね。

c 友情長つづき度80%

本気でつきあえば、いっしょにミラクルをおこせるよ。ふたりで経験した感動が、友情をささえることになりそう。部活や習い事で、苦楽をともにした友だちとずっとつきあうことになりそうだね。

d 友情長つづき度100%

どんなときでも、ムリをしないあなた。友だちにどんなにたのまれても、できないことはできないとことわるよ。かわりに、態度もかえないはず。友情長つづき度は、ピカイチだね。

えらんだ動物で、あなたとはあわない友だちのタイプがわかるよ。

あなたがニガテな友だちのタイプは…

a マイペースな子

特別レッスンが必要だと思ったのは、のんびり屋のロバ。マイペースで、ゆっくり考えてから行動するタイプの友だちが、ちょっとニガテかも。せかさずに、待ってあげてね！

b しつこい子

もっと練習すればいいのに！ と思ったのは、せっかちなイヌ。つまり、あなたはグイグイくるしつこい友だちがニガテなの。「わたしはいいや」ってパスするといいよ。

c 自分勝手な子

ニガテなのは、身勝手な友だち。約束したのに、ねぼうしたり、ドタキャンしたりする子にもんくをいいたくなりそう。「こられたら、きて」ぐらいの気持ちで、相手の自由もみとめてあげて。

d ハリキリすぎる子

声が大きいニワトリに特訓が必要だと思ったのは、意見をおしつけてくる友だちがニガテなせい。気がすすまないときは、その場は「少し考えてみる」といって、少し時間をおいてから話してみて！

Q22 魔法のランプをこすったら?

魔法のランプをこすってみたら、ランプの精が飛びだしたよ。
さて、どんなキャラ?

part 2 友だち関係をチェック!

「およびでございますか?
ご主人さま」
マジメキャラ

「やっと、でられたあ。
サンキュー」
フレンドリーキャラ

「ワタシ、ランプノ精。アナタノ
ネガイ、カナエルネ!」
カタコトで話す異世界キャラ

「やだやだ、はたらきたく
ない。ねむい〜」
あまえんぼうキャラ

ランプの精のキャラで、あなたが友情でだいじにしていることがわかるよ！

あなたの友だちとのつきあい方は…

一致団結

あなたにとって友だちは、だいじな仲間。ひとつの目的のために、力をあわせてがんばりたいと思っているはず。おたがいに、くじけそうなときはささえあい、はげましあって、大きな目標や夢をいっしょにかなえていくよ！

一期一会

友だちとの出会いは、奇跡！ と考えることができるあなた。だから、いっしょにいられるスペシャルな時間を思いきりたのしむはず。なりゆきやその場のノリ、いきおいもだいじにして、いろいろなたのしいことをシェアしそうだね。

一心同体

仲のいい友だちとは、心もからだもひとつになったようにピッタリとくっついて行動することが多いあなた。すきなものややりたいことがにているという理由で、友だちと仲よくなることも多いんじゃない？まるで、もうひとりの自分のようにつきあうよ。

一喜一憂

あなたは、人のダメなところも、笑ってゆるしてあげられるひろい心の持ち主。共感力も高く、友だちの身の上におこったことも、自分のことのように感じられそう。うれしいことやかなしいことも、共有できる関係になるよ。

Q23 友だちといっしょにチェック！

あなたと友だち、あてはまるほうをチェックしてね！

ならんで歩くとき、右がわになるのは？　　　あなた　友だち

待ちあわせで、先に待っているのは？　　　　あなた　友だち

給食やおやつ、先に食べおわるのは？　　　　あなた　友だち

誕生日が先にくるのは？　　　　　　　　　　あなた　友だち

「もう、かえろう」ってよくいうのは？　　　あなた　友だち

気前がいいのは？　　　　　　　　　　　　　あなた　友だち

髪が短いのは？　　　　　　　　　　　　　　あなた　友だち

あなたが5個以上の場合……診断結果 A

あなたが4個の場合 …………診断結果 B

あなたが3個の場合 …………診断結果 C

あなたが2個以下の場合……診断結果 D

part 2 友だち関係をチェック！

A23 あなたと友だちのあてはまる数で、ふたりの関係(かんけい)がわかるよ！
あなたと友だちの相性(あいしょう)は…

 いっしょにもり上がる組みあわせ

どちらかといえば、あなたがリードする組みあわせ。でも、どんな提案(ていあん)をしても、友だちはたのしそうに乗(の)ってきてくれるんじゃない？　波長(はちょう)はピッタリあっていて、なにをやっても、いっしょにもり上がれる相手(あいて)だよ！

 友だちの輪(わ)がひろがっていく組みあわせ

あなたと友だちは、いい距離感(きょりかん)でつきあっているね。だから、ほかの友だちも気軽(きがる)にはいってきやすいみたい。最初(さいしょ)はふたりでいても、3人、4人、5人とどんどん仲(なか)よしがふえて、友だちの輪(わ)がひろがっていくはずだよ。

ぶつかりやすい組みあわせ

あなたと友だちは、にた者どうし。だから、気があうときは、めちゃくちゃたのしいけれど、なにかがズレると、宿敵みたいに対立しちゃう。ただ、モメても、仲なおりできるのは、いいところ。本音でつきあえる友だちだよ。

 ## おたがいにたすけあう組みあわせ

あなたは、友だちの名サポーター！　たりない部分をフォローするのが得意だね。ふだんは、くっついているだけのあなただけど、なにかこまったことがあると、立場はぎゃくになるよ。おたがいに、フォローしあえるいい関係だね！

Q24 すがたが見えなくなったら？

魔法で、透明人間になったあなた。さて、なにをする？

 ちょっとした
イタズラをする。

 ライブや映画を
タダでたのしむ！

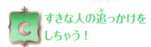 すきな人の追っかけを
しちゃう！

 いろいろな話を、こっそり
ぬすみ聞きする。

ゴーストツアーへGO！

お化けがでるとウワサのスポット！
友だちに「ぜったいにいきたくない場所」をえらんでもらってね！

part 2 友だち関係をチェック！

病院

学校

古い井戸

トンネル

A24 えらんだ答えは、あなたの性格のなかで強化したほうがいいポイントだよ。
あなたのコンプレックスは…

a ヒロインコンプレックス
すがたが見えないときにいたずらをしかけるのは、もっと注目されたいという思いのあらわれだよ。えんりょせず、堂どうと主張してみて！ ヒロインあつかいしてもらえるかも！

b おしゃれコンプレックス
あなたのなかには、もっとおしゃれになりたいという願望があるみたい。おしゃれがニガテという思いをのりこえて、チャレンジを。いろいろためすうちに、センスよくなれるよ。

c 恋愛コンプレックス
「どうせふりむいてもらえないから……」と、あなたのなかには、恋愛にたいする不安がありそう。すきな人ができたら、まずは恋人ではなく、友だちの座をめざしてみては？ しぜんに仲よくなれるはず。

d 社交性コンプレックス
人とうまくつきあえないというのが、あなたのひそかななやみ。ならば、それをすなおにうちあけてみるといいんじゃない？ みんなもあんがいおなじなやみを持っていることがわかるはずだよ。

A25 友だちがいきたくない場所で、友だちのニガテなことがわかるよ！
友だちが、されたらいちばんイヤだと思っていることば…

a 仲間はずれにされる
元気がないときにいくのが病院。からだの調子を見てもらう間、いつも会っている友だちとは、あそべないことが多いはず。つまり、友だちは、仲間はずれがニガテだよ。

b ウソをつかれる
毎日かよっている学校にお化けがでるなんて、ちょっとドキドキしちゃうよね。友だちは、うらおもてがあるのが、ニガテ。ウソをつかれたり、ごまかされたりするのがイヤみたい。

ないしょ話をされる
古い井戸は、人のうらみやかなしみが、たまる場所だといわれていて、昔から幽霊の出没スポットとして知られているよ。友だちは、自分だけ知らない話がニガテ。かくしごとはNG！

ヒミツをばらされる
トンネルは、こちらとあちらをつなぐ通路。友だちは、話がつつぬけになってしまうのが、ニガテみたい。「人にいわないで」とたのまれたら、ぜったいにヒミツはまもってね。

Q26 とりかえっこをするなら?

友だちと持ち物を交換するなら?

a ペン

b ハンカチ

c アクセサリー

d 新しいノート

part2 友だち関係をチェック!

A 26 とりかえた品は、あなたと友だちのきずなの深さを象徴するよ。

いまの友だちとずっと仲よしでいるコツは…

おなじ目標を持つ

ペンは、だいじなことを書きとめる道具。友だちとは、夢や希望を語ることで仲よくなれるし、心がつうじあうはず。いっしょにおなじ目標を追いかけてみるのも、オススメ。よきライバル、そして、よき仲間としてきずなが深まるよ。

なやみを聞く

かなしいときになみだをふく、がんばったときに汗をふくなど、ハンカチは、気持ちが動いたときに使うことが多いアイテムだよ。それを交換したいと思った友だちは、あなたにとって心の味方。なやみをわかちあうといいね！

応援する

持ち主の魅力をひきたてるアクセサリーを交換するのは、友だちとあなたが深い部分でわかりあっていることをしめすよ。試合や告白など、友だちのだいじなシーンでは、しっかり応援してあげて。

思い出をつくる

新しいノートには、これから生まれるできごとを書きこむよね。友だちをさそって、いろいろなことにチャレンジしてみて！　たのしいことがいっぱいおこって、かけがえのない思い出を共有できるはず。

プチ心理テスト

Q1 100色の色えんぴつがあるよ。1枚の絵をかくのに、何本使う？

Q2 友だちとの交換日記、きょうは何ページ書く？

Q3 おフロにはいったら、思わず声がでたよ。なんていっちゃったかな？

Q4 カレーをパクリッ。ひと口目は、お肉？　野菜？

Q5 クラス委員は、しっかりした子。では、生き物がかりは、どんな子？

Q6 犬があなたに向かって、ワンワンほえているよ。距離はどれくらいはなれてる？

Q7 海に探検にいくなら、ガイドは、カメ？　イルカ？　クジラ？

Q8 図書館でかくれんぼ。かくれるのは、本だなのかげ？　机の下？

Q9 天使があらわれた！さて、いまは、朝？　夜？

Q10 グループ写真をとるなら、あなたは、前列にならぶ？　後列にならぶ？

Q11 トイレにいったら、めっちゃならんでいるよ。何人待つかな？

Q12 友だちといっしょにいたら、姉妹にまちがえられちゃった。あなたは、姉？　妹？

part 2　友だち関係をチェック！

診断

A1 たのしくもり上がれる友だちの数は…
100色の色えんぴつのうち何本を使うかで、たのしくもり上がれるグループの人数がわかっちゃうよ。多ければ多いほど、お祭りのように、おおぜいでもり上がるのがすきってことだよ！

A2 あなたは友だちにたいして積極的？
1、3、5……などの奇数ページを思いうかべたあなたは、積極的なタイプ。意見もハッキリ主張するよ。
2、4、6……などの偶数ページを思いうかべたあなたは、消極的なタイプ。人にあわせるよ。

A3 友だちにたいして、いいたいことは…
お湯につかった瞬間を思いうかべて、自分がいいそうなひとことは、友だちにたいして思っていることだよ。「気持ちいい」なら、いっしょにいてたのしいってこと。「熱い」なら、迫力負けしていそう。

A4 いま、友だちからえられるものは…
最初に食べたもので、いま、友だちからえられるものがわかるよ。お肉はパワーで、野菜はアイデア。友だちといっしょにあそびながら、いいところをマネしていこう。

A5 いま、あなたがもとめている友だちのタイプは…
生き物がかりは、動物や植物のお世話をするよね。人間も生き物の仲間。思いうかべた性格や人物が、いま、あなたが必要としている友だちだよ。

A6 あなたの心のバリアは…
ワンワンほえている犬は、犬がすきな人でも、ちょっとこわいもの。なのに、すぐそばでほえていると思った人は、こわいもの知らず。遠いほど、心のバリアや、警戒心がつよいはずだよ。

A7 友だちと話すときのあなたの聞き上手度は…
カメをえらんだ人は、ゆったりリズムにもあわせられる聞き上手さん。イルカをえらんだ人は、波長があえば聞き上手に！クジラをえらんだ人は、聞いているフリで、聞き流しやすいよ。

A8 あなたのそくばく度は…
図書館のなかで、みんなが本をさがしにいくのが本だな。そのかげにかくれようと思ったあなたは、嫉妬心がつよめで、友だちをそくばくしやすいじ。机の下をえらんだ人は、自由人だね。

A9 友だちに心をひらくタイミングは…
天使があらわれた時間帯で、あなたが友だちと知りあってからどれくらいで心をひらくかがわかるよ。朝を思いうかべた人は、うちとけるのが早い。夜だと思った人は、時間がかかる人だよ。

A10 グループの人への信頼度は…
前列にならぶとうしろは見えないもの。だから、前にならんだ人は、まわりを信じて安心しているってこと。信頼度は高いよ。後列と答えた人は、グループの人への信頼度は、まだ低いみたい。

A11 あなたと友だちになりたい人の数は…
あなたの前にならんでいる人が、多ければ多いほど、あなたの人気は高いよ。5人以下と思った人は、もういちど、問題を読んでみて。問題を読みとばしたように、友だち候補も見のがしていそう。

A12 友だちをふやすコツは…
姉にまちがえられた人は、すきを見せないタイプ。少しくらいドジなところを見せてもだいじょうぶだよ。妹にまちがえられたのは、人にあまえすぎるから。自分のことは自分でやれば、見なおされて人気がでるよ。

ハッピー☆心理ゲーム

アイテム心理テスト

Q1 目をとじたまま教科書をひらいて！

きょう勉強しないといけない教科の教科書を用意して。目をとじて、すきな場所でそれぞれの教科書をひらくの。ひらいた右のページは何ページだった？ 2けた以上の数字の場合は、すべての位をたして、1けたにして。いくつになったかな？

たとえば…
123ページの場合
1+2+3=6 なので、6。
228ページの場合
2+2+8=12、1+2=3 なので、数字は3。

Q2 五円玉を手のなかでふって！

五円玉をてのひらにのせて、軽くにぎったらふってみて。すきなタイミングで手をひらいて、てのひらの五円玉のうらおもてをたしかめるの。これを3回やってみてね！

Q3 時計で30秒後をチェックして！

秒がわかる時計を用意して。秒針が0秒になった瞬間に目をとじて、心のなかで30秒数えてね。30秒たったと思ったら目をあけて、すぐに時間をチェック！誤差はどれくらいかな？

診断

A1 あなたにピッタリの数字別勉強法はコレ！

ひらいたページの数字から、いまのあなたにピッタリの勉強法がわかるよ。

1 ポイントを書きだして！

2 くりかえしがだいじだよ。

3 音読すると、頭にのこるよ！

4 イラストや図にすると、わかりやすいよ。

5 色ペンを使ってノートをカラフルに整理！

6 図書館など、いつもとちがう場所で勉強するとはかどるよ。

7 ポイントをかくしておぼえて。

8 とにかく書いておぼえよう！

9 自分で自分に問題をだして！

複数の教科を勉強する場合は、ひらいた右ページの数字の大きい教科順に勉強すると、頭にスムーズにはいるよ。

A2 きょうのラッキーアクションがわかるよ

五円玉のおもてとうらのでかたで、きょうのあなたのラッキーをよぶ行動がわかるよ。

おもて（五円とあるほう）……○　　うら……●

1	2	3	きょうのラッキーアクション
○	○	○	ラッキーデー！　ひらめきにしたがうと、いいことが！
○	○	●	感受性がするどい日。アートなど、うつくしい世界にふれて。
○	●	○	勝利の女神がほほえむよ。でも、短気はNG！
○	●	●	いい情報をキャッチ。すぐにためすといいことが！
●	○	○	人との交流で、チャンスがひろがるよ。輪にはいって！
●	○	●	まよいやすい日。きょうは、答えをださないで！
●	●	○	ガマンがだいじ。再挑戦にもツキがあるよ。
●	●	●	人にやさしく！　人気が高まるよ！

A3 イエスかノーか、おしえてくれるよ！

いおうか、いうのをやめようか、やろうか、やめようかなど、まよっているときにやってみて。

30秒ピッタリだったとき
答えはイエス！　いまが動くときだというゴーサインだよ！

30秒より10秒以内、早かった
あせると失敗しちゃう。しんちょうにやろう。

30秒より10秒以内、おそかった
人の協力をえられるなら、イエス。ひとりなら、ノー。

30秒より10秒以上、ズレていた
答えは、ノー。いまはやめて！

4コマ心理テスト

4コママンガを使った心理テストだよ。
どんなセリフや風景がはいるか、考えてみてね！

Q4 1コマ目、あなたならどちらのセリフをいうと思う？

ⓐ「こっちでいいのかな？」
ⓑ「わかんない」

Q5 2コマ目、友だちに返事をするなら？

ⓐ「きついね！」
ⓑ「あと少し、がんばろう」

Q6 4コマ目、坂を上りきって見えた風景は？

ⓐ 海
ⓑ 花畑

ⓒ お城
ⓓ 次の坂

part 2 ハッピー☆心理ゲーム

診断

A4 あなたのピンチ脱出法は…

えらんだことばで、自立心のつよさがわかるよ。

ⓐ 人に聞いて、ピンチ脱出！
ピンチになったとき、あなたは、まわりの人をたよるタイプだね。相談することで、いい方法が見つかるはずだよ。

ⓑ ようすを見て、ピンチ脱出！
こまったことがおこったとき、あなたは、なにがおこっているのかをきちんとたしかめてから、解決にのりだすタイプだね。

A5 あなたの負けずぎらい度は…

えらんだ返事で、あなたのガッツがわかるよ。

ⓐ 負けずぎらい度0％
友だちがいったことばをそのまま返事に使ったあなたは、勝ち負けにこだわらない平和主義者タイプだね！

ⓑ 負けずぎらい度100％
友だちをはげますことばをえらんだあなたは、かなりの負けずぎらい！　負けをみとめず、ガッツで未来を切りひらくよ。

A6 あなたのサバイバル度は…

えらんだ景色で、困難への対応能力がわかるよ。

ⓐ サバイバル度50％
坂の先に海を連想したあなたは、めんどうなことをさけて失敗しやすいよ。実力はあるんだから、本気をだしていこう！

ⓑ サバイバル度80％
坂の先に花畑があると思ったあなたは、自分が思っている以上にがんばりがきくタイプ。底力をかくしているよ。

ⓒ サバイバル度0％
坂を上ったら、そこにお城があった！と思うあなたは、苦労がニガテ。サバイバルは、脱落しそう。

ⓓ サバイバル度100％
坂を上りきったあとで、次の坂を思いうかべたあなたは、サバイバル能力がかなり高いタイプ。どんな環境でも生きのこれるよ。

お絵かき心理テスト

右のハートを使って、
魔法の紋章をつくって！
あなたなら次のうち
どのアレンジをえらぶ？

part 2 ハッピー☆心理ゲーム

a ハートか、まわりのスペースに色をぬった。

b ハートの内がわに絵やもようなどをかきたした。

c ハートの外がわに絵やもようなどをかきたした。

d ハートの内と外がわ、両方に絵やもようなどをかきたした。

あなたのしあわせの条件がわかるよ！

紋章は、あなたらしさのシンボルだよ！

ⓐ 自分のすきなことに集中できる！
基本デザインをいかして、色をぬっただけのあなたは、シンプルな人生観の持ち主だね。自分のすきなもの、やりたいことがわかっていて、それを追いかけている瞬間に、しあわせを感じるみたい。夢や目標を持つといいよ！

ⓑ 自分の成長を実感できる！
ハートの内がわは、あなたの内面をあらわすよ。基本デザインよりも、かわいくアレンジするのは、向上心のあらわれ。いまよりもステキになったという実感が、しあわせにつながるはず。努力をすればするほど、むくわれるタイプだね。

ⓒ まわりがあなたをみとめてくれる！
ハートの外がわは、あなたをとりまく人たちをあらわすよ。まわりをデコレーションするのは、ホメられ願望をあらわしているの。みんなに「すごい！」といわれたり、あこがれられたりしたときに、あなたは最高のしあわせを感じるよ。

ⓓ みんなと力をあわせて、ひとつになれる！
ハートの内がわはあなた自身、外がわがまわりの人をあらわすよ。あなたは、みんなといっしょに充実感を味わいたいと思っているみたい。人といっしょに大きなことをなしとげたとき、しあわせにつつまれるはずだよ！

シミュレーションテスト

魔法使いのマルシェへようこそ！

part 2 ハッピー☆心理ゲーム

これはあなた自身が主人公になって、ストーリーをすすめる
シミュレーションだよ。
自分ならこうするというほうの答えをえらんでね。
両方あてはまらない場合は、近いほうの答えをえらんでね。
最後に診断をチェックしてみて。

きょうは魔法使いのマルシェ（市場）にあそびにきたよ。
さあ、どんなふうに見てまわる？

a. 気になるお店だけ
チェック！……**2**へ

b. はしっこから順番に
チェック！……**3**へ

キラキラとかがやくお店があるよ。
なにを売っているのかな？

a．流れ星……**4**へ　　　b．夜空のかけら……**5**へ

めずらしい品物が売っているよ。
ねだんが高いのは、どっちだと思う？

a．天使の輪……**5**へ　　　b．魔法のランプ……**6**へ

運だめしコーナーにやってきたよ。
なかが見えない箱のなかに、いいものも悪いものもはいっているんだって。さて、あなたは？

a．手をいれてみる
……**5**へ

b．ぜったい、手をいれない
……**7**へ

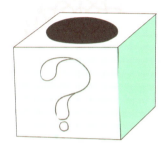

part 2 ハッピー☆心理ゲーム

人がならんでいる
お店があるよ。
なんのお店だと思う？

a．魔法グルメ
ランキング1位の店
……**7**へ

b．激安魔法アイテム
ショップ……**8**へ

おしゃれグッズのお店で、
店員さんに「にあったら、
あげるよ」といわれたよ。
さて、どっちをためす？

a．魔法使いの
とんがりぼうし
……**5**へ

b．お姫さまのティアラ
……**8**へ

スイーツショップで、大人気のお菓子があるよ！
あなたが買うなら？

a. 運がよくなるガム
　……9へ

b. 変身できるキャンディー
　……10へ

 「安いよ、安いよ」とよびこみをしているのは、
ちょうネクタイをしているキツネ。この店の商品のねだんは？

a. 安いと思う……10へ

b. 高いと思う……11へ

うらないのワゴンがあるよ。うらなってもらうなら？

a．アラビアンナイト風の
うらない師……**12**へ

b．中国の仙人のような
うらない師……**10**へ

10 イートインコーナーで、ひと休みすることに。さて、注文するなら？

a．ひと口ごとに、どんどん
おいしくなる
シャーベット……**12**へ

b．食べても食べても、
太らないケーキ
……**13**へ

11 お守りを売っているワゴンがあるよ。あなたが、いいなと思うのは？

a．ハート形のお守り
……**10**へ

b．星形のお守り
……**13**へ

魔法のアクセサリーショップで、気になるものを見つけちゃった。あなたがほしいのは？

a. 未来が見えるめがね
　……**14** へ

b. 本音が聞こえるイヤリング……**15** へ

 店番をたのまれちゃった！あなたが売るのは？

a. 飲ませた人のことをすきになるホレ薬
　……**15** へ

b. ふりかけると空を飛べるようになる魔法の粉……**16** へ

 あたりが急ににぎやかになってきたよ。マルシェでイベントがはじまるみたい。なにがはじまるのかな？

a. 魔法動物のコンサート
　……**A** タイプ

b. 魔女たちによる花火大会
　……**B** タイプ

15 マルシェの出口をでてふり向いたら、フシギなことがおこったよ。さて、それは？

a. 一瞬で、マルシェが消えた！
……**C**タイプ

b. 気づいたら、また、マルシェのなかにいた！
……**D**タイプ

part 2 ハッピー☆心理ゲーム

 16 マルシェのお土産をもらえるよ。あなたがえらぶのは？

a. 小さいボックス
……**15**へ

b. 大きいボックス
……**E**タイプ

診断

あなたのなかにひめられている魔法の力は…

A 世界をよりよくかえる魔法の力

あなたのなかにひめられているのは、この世界をよりよくかえていく力だよ。理想を高く持ち、いいと思うことを追いかけてみて。みんなのお手本になる生き方をすることで、しぜんに力がまして、意見がとおるようになるよ。

B 不可能を可能にかえる魔法の力

あなたのなかにひめられているのは、不可能を可能にかえてしまう力だよ。みんながムリとあきらめてしまうことも、あなたなら、きっと実現させられるはず。世のなかの常識やこれまでのケースにとらわれずに、チャレンジを！

C 自分をかえる魔法の力

あなたのなかにひめられているのは、なりたい自分になれる力だよ。意志がつよいのに、自分を信じる力がたりず、もったいないことになっているみたい。「わたしならできる！」とつよく信じることで、力が発揮できるよ！

part 2 ハッピー☆心理ゲーム

D 人をはげます魔法の力

あなたのなかにひめられているのは、人をはげまし、ヤル気にさせる力みたい。もともと、人の長所や才能を見ぬくのが得意なタイプなんじゃない？　その力をどんどん発揮してみて！あなたの応援が、みんなに力をあたえるよ。

みんなをしあわせにする魔法の力

あなたのなかにひめられているのは、みんなを明るくたのしい気持ちにかえる力だよ。だいじなのは、まずあなた自身がしあわせになること。自分の気持ちに正直に生きることで、あなたのハッピーパワーがまわりにつたわっていくよ！

パワーがアップする おまじない

なにをやってもうまくいかない日とか、なんだかツイていない日って、あるよね。そんな日でも、このおまじないをするとパワーアップができるよ！ ポイントは、あなたの名前の頭文字の音と、おなじ音を持っている食べ物を食べること。たとえば、スピカの頭文字は「ス」だから、「スープ」とかね！ラピスなら「キャラメル」、ドルチェなら「マドレーヌ」みたいにね！

パート3
ドキドキ♡ラブ診断

恋かどうか自分でもわからないような想いも、カレのことが大すき♡という想いも、恋愛について、あれこれ気になることをチェックしちゃおう！　モテる方法や告白方法、結婚のこと、恋にかんするテクニックもわかるよ。

Q1 あなたがアイドルだったら

① あなたは、アイドルとしてかつやく中！
グループのなかでのポジションは？

a. なんと、センター！……**2**へ
b. センター以外……**3**へ

A1 アイドルとしてのかつやくで、あなたの恋愛力がわかっちゃう！
あなたの恋のはじまりは…

A ひとめで、ピンときちゃう☆

出会った瞬間に、「この人がすき」って自分の気持ちがわかっちゃうはず。運命を感じて、すぐにアタックしちゃうことも！ひとめぼれをみのらせて、周囲があっとおどろくような、情熱的でドラマチックな大恋愛をしそう！

Aタイプのあなたにミニテスト

フリフリのミニドレスにあわせるくつはどっち？
a. ロングブーツ　　b. バレエシューズ

診断は134ページ

B 気がつかないうちに、恋におちている♡

自分では気づかないうちに相手の存在が大きくなっていくのが、あなたの恋のパターンみたい。うれしいことやかなしいことがあったとき、いちばんに聞いてほしい、なにかいってほしいと思う人がいたら、もう恋におちているよ。

Bタイプのあなたにミニテスト

メタリックなボディスーツ、どんなデザインかな？
a. ショートパンツ　　b. ミニスカート

診断は134ページ

C すきになってくれた人をすきになる♪

恋っていわれても、よくわからないかも。でも、男の子に特別あつかいされたり、すごくすきっていってもらうと、急にドキドキしちゃうはず。あなたのことを宝物みたいにあつかい、だいじにしてくれる恋人ができるよ！

 タイプのあなたにミニテスト

最初のファンは、何歳くらいだった？
a. 年上　　b. おない年、または、年下

診断は134ページ

D 友だちが、いつのまにか恋人に！

最初は、気があう友だちとして仲よくなるよ。そのうちカレのやさしさや男らしさにふれて、少しずつすきになっちゃうみたい。自分の気持ちをごまかさずに、つたえてね。

 タイプのあなたにミニテスト

ファンの人がくれたのは？
a. プレゼント　　b. ファンレター

診断は134ページ

ミニテスト診断
あなたの恋の傾向は…

Aタイプの場合

aをえらんだ人は、いちずだよ。いちどすきになると、その気持ちは長くつづくよ。

bをえらんだ人は、恋多きタイプ。失恋しても気分転換して次の恋にいけるよ。

Bタイプの場合

aをえらんだ人は、自分がすきなタイプの人としかつきあえないよ。

bをえらんだ人は、すきといわれるとすきになるタイプ。おしによわいよ。

Cタイプの場合

aをえらんだ人は、大人の恋にあこがれがち。年のはなれた人をすきになるよ。

bをえらんだ人は、対等に話せる恋人が理想。近い年代の人と恋をするよ。

Dタイプの場合

aをえらんだ人は、カレとまめに会わないと不安になってしまうタイプだよ。

bをえらんだ人は、遠距離の恋もみのらせちゃう！恋愛はマイペースだよ。

Q2 運命の赤い糸の効果は？

運命の赤い糸をひきよせたよ。あなたにどんな変化がおこると思う？

part 3 ドキドキ♡ラブ診断

a 運命の人と出会う

b 運命の人から告白される

c 運命の人をすきになる

d 運命の人を紹介される

A2 赤い糸がもたらす変化が、あなたの運命の恋人を暗示するよ。
あなたの運命の恋人は…

a クラスでめだつタイプ

出会った瞬間、「この人！」とわかるのが、あなたにとっての運命のパターン。だから、相手はすごくめだつタイプのはず。クラスやグループのリーダーなど、みんなからしたわれている男性が運命の人だよ。

b まっすぐなタイプ

どうせするなら、情熱的な恋をしてみたい！　あなたのなかには、そんな燃えるような思いがあるよ。運命の相手は、気持ちをストレートにつたえてくれるホットな男性になるはず。電撃的に交際や結婚がきまりそうだね！

c がんばり屋タイプ

未来は、自分で切りひらくもの！　あなたのなかには、そんなポジティブなイメージがありそう。恋も、尊敬や感動がベースになるはず。才能や実力があって、それをみがきつづけるがんばり屋さんの男性と運命の恋をしそう！

d リードしてくれるタイプ

あなたは、古風な女性のよさを持っているタイプだね。おだやかで、ひかえめ、どんなときでも、まわりとのバランスを考えて動くはず。ちょっと強引で、グイグイひっぱってくれる積極的な男性が運命の人になるよ！

動物園で大人気!

動物園のふれあいコーナーで、動物たちがあつまってきたよ。
さて、どんな動物にかこまれた?

 ウサギ

 ヤギ

 モルモット

 リス

part 3 ドキドキ♡ラブ診断

衝動買いしたのは?

すごくカワイイものを見つけて、予定外の買い物をしちゃった。
さて、それは?

 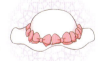
ぼうし

トップス

ボトムス

くつ

えらんだ動物で、あなたがモテるかどうかがわかるよ！

あなたのモテ度は…

a モテ度100%
あなたは、正真正銘のモテキャラ！ なにげないしぐさやおしゃべりが、異性のハートを射ぬいちゃう！ 目があったら、笑顔を心がけて。さらに、人気が高まっていくはず！

b モテ度80%
自分では、「ぜんぜんモテない！」なんて、思っていない？ じつは、すごくモテているの。趣味や部活など、共通の話題がある異性から、熱い視線をそそがれているよ。

c モテ度50%
ゆっくりと相手に、あなたの魅力がつたわっていくタイプだね！ だから、出会った瞬間に、モテまくる……ということはないけれど、何度も顔をあわせるうちに、だんだんモテていくよ！

d モテ度20%
カワイイのに、あんまりモテないんじゃない!? それ、男の子が近づくと、さっとにげちゃうせいだよ！ 女の子の友だちとつきあうつもりで、フレンドリーに接してみて。すぐにいいムードになれるよ。

買ったアイテムは、あなたのチャームポイントをあらわしているよ！

あなたのモテるポイントは…

a 個性が魅力的
ぼうしが象徴するのは、オリジナリティ！ あなたは、こだわりがつよくて自分の世界を持っているよ！ 異性からは頭がよくて、おもしろく、おしゃれでめだつタイプだと思われているよ。

b 気配り上手なところ
トップスになにを着るかで、人のイメージは大きくかわるもの。つまり、あなたは、場の空気を読める、気配り上手ということ。やさしくされたいと思っている男の子がいっぱいいそう！

c しっかりしたところ
パンツやスカートになにを着るかで、ファッションのスタイルは、きまるよね！ あなたは、なんでもテキパキきめられるタイプだね。男の子には、しっかりしている子だと思われているみたい。

d 行動力
くつは、アクティブさのシンボル。あなたは異性から、フットワークが軽くて、さそいやすい子って思われていそう。こちらからどんどん声をかけてあげると、よろこぶ男の子は多いよ。

Q5 窓辺にかざるなら？

新しく自分の部屋ができたよ。窓辺にかざるならどれ？

 サンキャッチャー

 ぬいぐるみ

 花

ランプ

part3 ドキドキ♡ラブ診断

A5 窓辺にかざるもので、自分の魅せ方がわかるよ。
あなたがモテる方法は…

a クラスでめだつ

太陽の光をあつめて、キラキラと反射するサンキャッチャーをえらんだあなたは、注目をあつめるほど、魅力がかがやくタイプ。積極的に自分の意見をいって、めだっていこう！

b 女子力を高める

ぬいぐるみをえらんだあなたは、いやし系だね。ただ、ちょっと子どもっぽいイメージもあるから、おしゃれ度を上げていこう。女の子らしさをだせると、もっとモテるはず！

c 得意分野をのばす

思い思いにさく花は、凛としていて、見ていて気持ちがいいもの。あなたも自分の思うままに、すきなことや得意なジャンルで思いっきりがんばってみて！　異性を本気にさせちゃうかも!?

d サポート力をつける

ランプをえらんだあなたは、大人っぽいセンスを持っているね。クールなイメージがあって、すきがないかも。人に親切にすると、気さくな子と思われてモテだすよ！

生写真はいかが？

大すきな男性アイドルの生写真、1枚もらうならどれ？

- a リラックスしている オフショット
- b キメキメ！ 目力ショット
- c 遠くを見つめる 横顔ショット
- d 水もしたたる セクシーショット

part 3 ドキドキ♡ラブ診断

雨降りデート

せっかくのデートなのに、雨が降ってきちゃった！
さて、天気がくずれたのは、どのタイミング？

- a でかける直前
- b 待ちあわせ中
- c デートのとちゅう
- d わかれぎわ

A6 写真のポーズで、恋のツボがわかるよ！
あなたがすきになるときのポイントは…

a やさしさ
心がひろくて、思いやりがあって、いっしょにいてやされる……、そんなカレがいたら最高！　っていう思いがつよいみたい。あなたは、やさしい人につよくひかれるよ！

b かっこよさ
だれがなんといおうと、カッコイイが正義！　あなたのこのみは、すごくわかりやすいよ！　イケメンによわく、ルックスがよければ、すきになっちゃう。ちょっとホレっぽいかも？

c クールさ
自分にはないものに、あこがれるあなた。なにをまかせても、スマートにこなすタイプや、夢や目標を持って、ものごとに打ちこんでいる異性によわいはず。あこがれでおわらせず、一歩ふみだして！

d タフさ
セクシーショットをえらんだあなたは、男らしさに魅力を感じるタイプで、たよりがいのある男の子がすき！　「オレにまかせろ！」ということばにキュンときそう。リーダータイプにもよわいよね♡

A7 雨が降りだすタイミングで、恋にたいするあなたのニガテなポイントがわかるよ。
あなたの恋のコンプレックスは…

a 自信がない
恋をはじめる前から、「すきになってもらえなかったらどうしよう！」と足ぶみしちゃいそうだね。まずはおしゃれをして、自分をみがいてみて！　きっと恋をたのしめるようになるよ。

b 勇気がない
待ちあわせ場所をえらんだあなたは、いざとなるとおじけづいてしまうタイプみたい。「こまった」「どうしよう」と思ったら、すなおにカレに相談してみて。あなたのまよいも、まるごと愛してもらえるよ。

c 異性がわからない
デート中をえらんだあなたは、失敗をおそれる気持ちがつよいよ。いいところを見せたい、夢中にさせたい一心で行動していると、あなたの個性が消えちゃうかも。恋は、ふたりでつくるものだよ。

d ずっとすきでいられない
最初はすごくイイって思うのに、だんだんつまらなくなって、気づいたらそんなにすきじゃなくなっていそう。でも、それは恋のレッスンのとちゅうなの。運命のカレがあらわれるのを待ってね。

Q8 恋の女神のプロデュース

あなたは恋の女神さま。恋人どうしの出会いをもり上げるなら？

 空に大きな虹をかける

 運命の鐘をならす

 花びらの雨を降らせる

 流れ星をいっぱい流す

part.3 ドキドキ♡ラブ診断

A8 えらんだ答えから、告白方法のヒントがわかるよ。
あなたにピッタリの告白方法は…

a まわりにサポートをたのんで

大きな虹は、祝福のサイン！ あなたには、みんなに応援してもらえる恋のスタイルがピッタリみたい！ あなたの友だちはもちろん、カレの友だちもまきこんで、もり上げてもらうと、告白もきっとうまくいくよ！

b タイミングをねらって、ふたりきりのときに

運命の鐘をえらんだあなたは、タイミングよく、ドラマチックに恋をもり上げるパワーを持っているよ！ カレがすき、つきあいたい！と思うと、絶好のチャンスがめぐってくるはず。「いまだ！」と感じたら、思いきって告白を！

c 雰囲気重視！ ムードをつくって

フラワーシャワーを思いうかべたあなたは、ロマンチスト。どちらかといえば、内気で受け身だから、告白する勇気はなかなかわかないかも。でも、キレイな夕日や花火の下でなら、ムードにおされてがんばれるはず！

d メールや電話でいっこくも早く！

キラキラかがやく流れ星をイメージしたあなたは、相手をその気にさせるのが上手だよ。ストレートな告白よりも、ちょっとひかえめなさそいを何度かくりかえすことで、相手に「もしかして？」と思わせるスタイルがいいみたい。

Q9 気球に乗ってどこまでも！

大すきな人といっしょに、魔法の気球ツアーに参加したよ。
さて、どんな景色が見えるかな？

part3 ドキドキ♡ラブ診断

 サバンナ　　 ナイアガラの滝

 オーロラ　　 星空

A9 気球から見える風景で、あなたの恋への情熱がわかるよ。
あなたの恋へののめりこみ度は…

a のめりこみ度20％

ひろびろとしたサバンナを思いうかべた人は、恋をしても、ひろい視野を持ちつづけるよ。のめりこみ度は、低め！

b のめりこみ度100％

世界的に有名なナイアガラの滝を思いうかべた人は、恋をするとカレしか見えなくなりそう。気をつけてね！

c のめりこみ度50％

オーロラを思いうかべた人は、恋をきっかけに、新しい世界に気づくよ。新しい夢や、夢につながる人に夢中になるかも。

d のめりこみ度80％

気球で星空に飛びだすと考えたあなたは、ロマンチスト。恋にのめりこむ反面、理想とちがうと、すぐさめてしまいそう。

Q10 遊園地デートへGO！

遊園地で、カレとデート！ どんなくつをはいていく？

 パンプス

 バレエシューズ

 スニーカー

 サンダル

part 3 ドキドキ♡ラブ診断

A10 えらんだくつで、あなたにピッタリの恋人のタイプがわかるよ。
あなたにあうカレのタイプは…

a 気まぐれタイプ

あなたにピッタリなのは、サプライズずきな恋人！ 急に「海を見にいこう」とか、先が読めないワクワクできる恋がたのしいよ！

b クールタイプ

マイペースなあなたにピッタリなのは、クールな恋人。ベタベタしないタイプと波長があうよ！

c やんちゃタイプ

むちゃをして、ハラハラさせるやんちゃな異性が、あなたにピッタリ！ おたがい、本気でぶつかれそうだね！

d 天使タイプ

あなたをしあわせにしてくれる恋人は、ピュアハートのエンジェル男子。カレといっしょにいるだけで、おちついた気持ちでいられそう。

いわれたくないひとことば？

すきな人にいわれたくないひとことは、どれ？

 食いしんぼう

 ヤキモチ焼き

 生意気

 ぶりっこ

A11 えらんだことばで、あなたによってくる残念な男の子がわかるよ。
あなたがひきよせやすい残念男子は…

a 口だけチャラ男タイプ

あなたは「カワイイ子、モテる子」と思われたい一心で、チャラ男のウソや見栄に気づけないかも。相手の本質をチェックしてね！

b かくれマザコンタイプ

クールで、スマートな恋にあこがれるあまり、異性のあまえたい願望に気づかないかも。かくれマザコンに注意。

c ワンマンオレさまタイプ

異性の前では、パワーをセーブしやすいあなた。強引なタイプにロックオンされて、ふりまわされちゃうかも？

d ドンカンタイプ

計算高くこびたりするのは、ニガテなあなた。アピールが遠まわしになりがちなので、相手に想いがつたわりづらく、ドンカンすぎる異性に手を焼きそうだよ。

Q12 オーダーミスがおこったら？

レストランでオーダーとちがうメニューがはこばれてきたよ。
あなたならどうする？

part3 ドキドキ♡ラブ診断

 とりかえてもらう

 お店に注意はするが、そのまま食べる

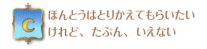 ほんとうはとりかえてもらいたいけれど、たぶん、いえない

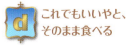 これでもいいやと、そのまま食べる

A12 まちがえた注文は、すきじゃない男の子をあらわすよ。
すきじゃない男の子に告白されたら…

a きっぱりおことわり

ハッキリことわるのが、あなたのスタイル。友だちとしてつきあってみたら、すきになれるかも的な発想は、まったくなさそう。自分の気持ちが動かなければ、ノーサンキュー。理想が高いよ！

b 友だちとしてつきあってみる

すきになれるかは、わからないけれど、相手のことをもっと知れば、気持ちがかわるかもしれないと考えるあなた。友だちとしてつきあって、少しようすを見ることになりそうだね。

c 強引におしきられる

ことわったら悪い気がして、ちゃんと答えずに、あいまいな関係にしちゃいそう。気づいたら、グイグイせまられて、恋人になっちゃうかも!? どうしてもことわれないときは、友だちや家族に相談してみて。

d なりゆきにまかせる

オーダーしたものではないけれど、これでもいいかも！ そんなふうに考えるあなたは、可能性を全部ためすタイプだね。ハッキリことわらず、でもOKもせず、相手をよく知ってから最終的な答えをだすよ。

深いあなにおちちゃった！

深いあなにおちちゃった。まず、どうする？

- **a** 「たすけて」とさけぶ
- **b** 登れないか、ためす
- **c** 横道をさがす
- **d** 携帯電話やスマホでたすけをよぶ

魔法の池をのぞくと…？

魔法の池があるよ。のぞくと、なにが見えるかな？

- **a** あなたが知りたいこと
- **b** あなたの未来
- **c** あなたの過去
- **d** あなたのヒミツ

落書きするなら？

授業中、ノートにいたずら書きをするなら？

- **a** ノートの空いているすきまにちょこっと！
- **b** ノートのすみっこにパラパラまんが風に！
- **c** ノートのまんなかにドンッと大きく！
- **d** 表紙のウラにこっそり！

part 3 ドキドキ♡ラブ診断

A13 ピンチのときのとっさの判断で、あなたがあまえ上手かどうかがわかるよ。
男の子へのあまえ上手度は…

a あまえ上手度50%
こまったことがあったら、SOSをだすあなたは、あまえるのが得意。めんどうな子だと思われないように注意して！

b あまえ上手度30%
こまったことがあっても、自分でなんとかしようとする気持ちがつよいタイプだね。あまえるのはニガテみたい。

c あまえ上手度70%
こまっても、人をあてにしないあなた。でも、しぜんとすくいの手がさしのべられて、好意をすなおに受けいれるよ。

d あまえ上手度100%
あなたがSOSをだすのは、ぜったいにたすけてくれる相手だよ。異性にも上手にあまえられるよ。

A14 魔法の池に見えたもので、恋のパターンがわかるよ。
あなたが恋におちやすいパターンは…

a 尊敬やあこがれから恋に！
知りたいことが魔法の池に見えると思ったあなたは、答えをくれる人をすきになりそう。

b 理想の王子さまへの想いが恋に！
魔法の池に、これからおこることや、大人になった自分が見えると思ったあなたは、理想が高いタイプだよ。

c 共感や感動から恋に！
いいなと思うこと、そして、わかってもらえるという思いが、恋のきっかけになりそうだね。

d 反発やライバル意識が恋に！
ぜったい、すきにならない！　そう思った相手ほど、気になってしまうのが、あなたの恋のパターンだよ。

A15 いたずら書きの場所で、あなたの失恋パターンがわかるよ。
あなたの失恋パターンは…

a ほかの男の子によそ見して、ジ・エンド!?
あなたの恋がおわるとしたら、ほかの男の子とあそんで、ついその子によそ見をしてしまったとき。本命にバレやすいよ！

b ほうっておきすぎて、自然消滅!?
授業そっちのけでいたずら書きに没頭したあなたは、趣味やあそびに夢中になって、恋を二の次にするクセがあるみたい。

c ワガママをいいすぎて、ケンカわかれ!?
やりたいと思ったら、やりたいようにやるのがあなたのスタイル！　だから、カレをふりまわしてしまうみたい。

d 気のつかいすぎで、会うのがめんどうに!?
あなたはカレをよろこばせるために、サービスしちゃうタイプ。長くつきあうと、ガマンがふえてパンクしちゃうかも。

Q16 お化け屋敷でキモだめし！

お化け屋敷にいったよ。いちばんこわかったのは？

a ろくろ首

b のっぺらぼう

c 幽霊

d 山姥

part.3 ドキドキ♡ラブ診断

お化けのタイプが、あなたの恋の未来を暗示するよ。

あなたの恋の寿命は…

a 長つづきする♡

首が長くのびるろくろ首をえらんだあなたは、みんながおどろくくらい、気が長いよ。いちど気になりはじめると、ほかの人は見えなくなるよね。ただ、自分の気持ちになかなか気づかないみたい。恋を自覚するのに、数年かかることも！

b あっさり、短め☆

顔がないのが、のっぺらぼう。あなたは、まだ自分のことを、わかっていないみたい。だれかとつきあっても、ピンとこないままおわりそう。やりたいことが見つかって、進路がハッキリすると、恋も長つづきするよ。

c いちどすきになったら、ずっとすき！

この世にみれんをのこしてしまい、死んでもすがたをあらわしているのが幽霊。つまり、あなたは、ひとりの男性をすきになったら、ずっとすきでいるみたい。なにがあっても、心がわりをしないで、永遠の愛をまもりつづけるよ！

d ちょっとしたことで、すぐにおわっちゃう!?

山姥は、山おくにすんでいる妖怪。人を食べるために、追いかけることもあるんだって。あなたは、すきな人を自分のものにしたい気持ちがつよいタイプだね。だけど、自分の思いどおりにならないと、すぐにイヤになりそう。

ふくらむのはどれ？

4つのおもちがあるよ。最初(さいしょ)にふくらむのは、どのおもちかな？

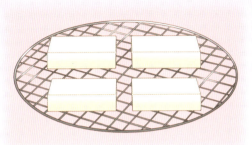

森の恵(めぐ)みは？

森のそばでくらす少女がいるよ。きょうは、なにかをとりにいくんだって。
さて、それは？

フルーツ

お花

キノコ

薪(まき)

part 3 ドキドキ♡ラブ診断

おもちの位置で、あなたがヤキモチ焼きかどうかがわかるよ。

あなたのヤキモチ度は…

a ヤキモチ度50%

左上をえらんだあなたは、ヤキモチは悪いことだと思っていて、焼いてないフリをしやすいよ。でもガマンすると、いつかバクハツしちゃう。少しでもモヤモヤしたら、その感情をだしてみて。

b ヤキモチ度30%

右上は、未来をあらわす場所だよ。この位置のおもちがふくらんだと考えたあなたは、恋ではヤキモチを焼かないみたい。でも、成績やスポーツの結果でジェラシーのほのおを燃やすことも！

c ヤキモチ度100%

左下は、過去の自分をあらわすよ。この位置のおもちが最初にふくらんだと考えたあなたは、かなりヤキモチ焼きなタイプだね。おわったこともむしかえして、いつまでもプリプリしていそう。

d ヤキモチ度70%

右下をえらんだあなたは、なわばり意識がつよいよ。だから、自分のすきな人がほかの女の子と仲よくしているとゆるせないみたい。ヤキモチを焼いていることを、すなおにつたえるといいよ。

 森であつめたもので、あなたの恋をじゃまするものがわかるよ。

あなたの恋の障害は…

a 周囲の反対

メインディッシュにはならないフルーツをあつめたあなたは、独自の感性を持っているよ。そんなあなたの恋をじゃますするのは、家族や友だち以外の人たちからの反対意見。そんな意見は聞き流して！

b 心配しすぎ

花をえらんだあなたは、ロマンチスト。創造力ゆたかなタイプだね。それだけに、ネガティブなことを考えると、どんどんはまってしまいそう。気にしすぎないようにするとしあわせになれるよ。

c 高すぎる理想

キノコを見つけるには、コツがいるもの。つまり、あなたは、恋にたいしてこだわりがつよく、自分のスタイルを持っているよ。理想をもとめすぎて、失敗しないように気をつけてね！

d ムードのなさ

もっとも実用的な薪をえらんだあなたは、恋にあこがれているけれど、うかれている自分をはずかしいって思っちゃうみたい。あまいムードをたのしめるようになれば、満点だね。

恋にきく おまじない

恋をすると、カレのことばかり考えちゃうよね。
そんなあなたに、恋にまつわるおまじないを紹介するよ。

恋をかなえるおまじない

水曜日からはじめるおまじないだよ。まず、水曜日に窓をキレイにみがいてね！ 木曜日は、キレイになった窓の近くにお気にいりのぬいぐるみをおいて。金曜日に、大すきなカレの名前とおなじ文字ではじまるものをぬいぐるみのそばにおけばいいの。けんたくんなら、「け」で、消しゴムとかね！ 次の水曜日まで動かさなければ、ＯＫ！ もし、ぬいぐるみをかざれる窓がなければ、鏡をかわりに使ってね。鏡をみがいて、その前にぬいぐるみやものをおくといいよ！

恋のモヤモヤを解消するおまじない

恋をすると、たのしいことばかりじゃないよね。ヤキモチを焼いたり、さびしさや不安になやんだり、つらいことももれなくついてきちゃう。そんなときは、キレイなグラスにお水をくんで、塩を６つまみおとして、塩水をつくってね。よくかきまぜたら、６回うがいすればいいの。クリーンでハッピーな気持ちをとりもどせるはずだよ。

Q19 あなたとカレの相性チェック♡

カレといっしょに
YESかNOで答えてね。

あなたへの質問

YESが6個以上……**A**
YESが3〜5個……**B**
YESが2個以下……**C**

兄や弟がいる	YES	NO
背は高いほうだ	YES	NO
クラスでは、めだつほうだ	YES	NO
いちばんすきな色はピンク	YES	NO
将来の夢を持っている	YES	NO
部屋はキレイにしている	YES	NO
早く大人になりたい	YES	NO
この本は、自分で買った	YES	NO

気になるカレとの相性をチェックしたいときは、「カレへの質問」のなかで、あなたがまだ知らない情報だけをカレに質問してみてね。あとからこっそり相性をチェックしよう！

YESが6個以上……**D**
YESが3〜5個……**E**
YESが2個以下……**F**

part3 ドキドキ♡ラブ診断

姉や妹がいる	YES	NO
食べ物のすききらいはない	YES	NO
スポーツをやっている	YES	NO
女の子と気らくに話すほうだ	YES	NO
時間に正確だ	YES	NO
字がキレイ	YES	NO
ペットをかっている	YES	NO
声が大きいほうだ	YES	NO

診断は次のページを見てね！ →

答えの組みあわせで、恋の相性がわかるよ！
カレとの相性は…

あなたとカレ、それぞれのタイプが交差するところが、ふたりの相性だよ！

カレ＼あなた	A	B	C
D	◎	○	△
E	△	◎	○
F	○	△	◎

◎

相性バッチリ！

特別な理由はないけれど、とにかくすごくすき！　そんなふうに、ツボにはいる相性だよ。こうあってほしい、こんなふうにしてほしい、あなたが口にださない理想の恋を実現してくれる相手がいるとしたら、カレみたい！

○

グッド

にたものどうしの組みあわせ。わかりあえることが多いから、しぜんに仲よくなれるはず。たくさんの思い出をシェアすることで、どんどん心がひとつになっていくよ。だれもがうらやむベストカップルをめざしてね！

△

まあまあ

基本的には、意見がズレやすいふたり。でも、おたがいに「あわない」って思っているからこそ、たまにある「あう！」って感じるときがもり上がるはず。それぞれが、個性をみとめあって、たりないところをおぎないあえる恋をするよ。

Q20 プリンスに変身！

気になるカレが王子さまになったとしたら、にあいそうなのはどれ？

part 3 ドキドキ♡ラブ診断

a 正統派王子さま

b ブラック王子

c 大金持ちのアラブ風王子さま

d 若殿さま

A20 王子さまのタイプで、カレのこのみがわかるよ。
カレへのオススメのプレゼントは…

a ドリンクやアイス

好感度ナンバー１のカレは、いろいろなプレゼントをもらいなれているよ！ カギになるのは、タイミング！ がんばったあとに、つめたいドリンクやアイスを「ハイッ！」ってわたして。最高の笑顔を見せてくれるはずだよ！

b キーホルダーやアクセサリー

どこかかげがあって、ミステリアスなカレにたいして、みんな、ちょっとえんりょしているみたい。だから、あえて一歩ふみこんでいくといいよ。センスのいいキーホルダーやアクセサリーは、使ってもらえそう！

c タオルやマスコット

ゴージャスで、スケールが大きなカレ。クラスや学年でも、めだつタイプだね。タオルやマスコットなど、ぬくもりを感じさせるプレゼントがオススメ。ほかの人には見せない一面も、あなたには、見せてくれるようになるよ。

d ペンやノート

王子は王子でも、和製プリンスタイプのカレは、自分の世界を持っているよ。ペンやノートなど、実用的なプレゼントをえらぶといいよ。カレが愛用しているメーカーやデザインをチェックして、趣味にあわせてね！

星をプレゼント！

愛(あい)するカレに星をおくるなら？

- a 北極星(ほっきょくせい)
- b 一番星(いちばんぼし)
- c 火星(かせい)
- d 流(なが)れ星(ぼし)

part 3 ドキドキ♡ラブ診断

オープン・ザ・ドア！

4つのカギと3つのドアを組みあわせて！
さて、のこったカギはどれ？

- a ハートのカギ
- b ゴージャスなカギ
- c モダンなカギ
- d シンプルなカギ

A21 愛するカレのためにえらぶ星で、あなたのつくす度がわかるよ。

あなたはカレにつくすタイプ？ つくされるタイプ？

a つくすタイプ

昔の人たちは、夜空のまんなかにかがやく北極星をたよりに旅をしたよ。旅人の役にたつ北極星をえらんだあなたは、つくすタイプ。愛するカレのことをいちばんに考えるよ！

b つくされるタイプ

夕方から夜にかわるころ、パッとかがやくのが、一番星。かぎられたほんのわずかな時間に光る星をだいじに思うあなたは、異性にとって、あこがれの存在に。つくされるよ。

c つくし、つくされるタイプ

大すきなカレにあげるなら、赤くかがやく星！ そんなふうに考えるあなたは、情熱家だよ！ 愛するカレのためなら、なんでもできるし、相手からも、おなじように思ってもらえるよ！

d つくさせるタイプ

流れ星にねがいごとを3回となえると、かなうという話、聞いたことある？ 愛するカレのしあわせをいのる気持ちは、相手にダイレクトにつたわって、あなたもだいじにされちゃうはず。つくしてくれるよ。

A22 あまったカギは、あなたの恋の舞台をしめすよ。

あなたにぴったりのデートの場所は…

a 夕焼けの名所などのロマンチックスポット

ハート形のカギをのこしたあなたは、ムードたっぷりの恋にあこがれているよ。燃えるような夕焼けをたのしめるスポットや、満天の星をながめられる場所でのデートがオススメ！

b 遊園地などのスペシャルスポット

ゴージャスなカギをのこしたあなたは、いつもとちがう場所や時間で、とくべつにかがやくはず。スペシャルな場所のデートで、一生の思い出が生まれそう。船やボートも、愛を高める場所だよ！

c カフェなどのおしゃれスポット

あなたは、スマートで都会的な恋へのあこがれがつよいよ。ふきぬけやガラスばりのたてものなど、おしゃれなスポットに愛するカレをさそって。カフェでの語らいも、もり上がるはずだよ。

d 博物館などの知的スポット

シンプルなカギをのこしたあなたは、好奇心旺盛。博物館や科学館など、知的場所でのデートがもり上がるはず。お城や古いたてものもコースに組みこむと、たのしさアップ！

モフモフの正体

気になるカレに「ひとなつっこいモフモフした生き物がいます。大きさを手であらわして！」と問題をだしてみて。カレのリアクションは？

両手でかかえられる大きさ

両腕をひろげる大きさ

片手でつかめる大きさ

やってくれなかった

part 3 ドキドキ♡ラブ診断

カレの愛情の大きさは…

カレの動作が大きいほど、あなたへの愛も大きいよ！

a 大恋愛ハート

まるでハグするみたいに、やさしく手を動かしたカレは、ゆたかな愛情の持ち主だよ！ すごくロマンチックで、情熱的な恋にあこがれているみたい。心からすきになった女性を、一生かけて愛しぬきたいと思っているよ。

b 博愛ハート

大きく腕をひろげたカレは、心がひろくて、人も動物も、生きとし生けるものすべて大すきな、ウェルカムタイプ。やさしさも、思いやりも、人一倍持っているけれど、恋愛にかんしては、ちょっとドンカンかも!?

c 自分大すきハート

小さいサイズのモフモフを想像したカレは、じつは、ナルシスト。愛するよりも、愛されたい気持ちがつよいみたい。「〇〇くんにさそわれたら、きっとうれしいな」など、カレにやってほしいことをリクエストするといいよ！

d まだお子ちゃまハート

なんだかんだいって、やってくれなかったカレは、まだまだお子ちゃまだね。女の子のことも、愛するってことも、まったくわかってないみたいだよ。ここはあなたが大人になって、根気づよくカレにつきあってみてね！

Q24 魔法のエスコートは？

きょうは、魔法使いの舞踏会。
カレは、なにに乗ってむかえにきてくれたと思う？

part 3 ドキドキ♡ラブ診断

a 空飛ぶホウキ

b 空飛ぶじゅうたん

c ペガサス

d 空飛ぶ馬車

えらんだ乗り物で、カレごのみの話題がわかるよ。

カレがすきそうな話題は…

a 自分のこと

空飛ぶホウキがピッタリなカレは、目的に向かって一直線にすすんでいくパワフルなタイプだね。カレはなにがすきなのか、なにをしたいのか、カレの話を聞いてあげるともり上がるよ！

b 友だちのこと

空飛ぶじゅうたんがにあうカレは、自由を愛するタイプだね。おもしろいこと、たのしいことにびんかんで、アクティブだよ。友だちとなにしてあそぶか聞いてみると、話がはずむよ！

c 未来のこと

４つの答えのなかで、ひとつだけ生き物なのが、ペガサス。力づよくはばたくイメージがあるカレには、明るい未来の話がいいみたい。大人になったらしてみたいことなどを、語りあって。

d 過去のこと

外から見えにくい空間で移動できるのが、馬車。カレは、自分の思いをだいじにするタイプ。子どものころの思い出やいっしょにやったことなど、昔の話でもり上がるよ。

Q25 水族館デート

きょうは、水族館でデート。
カレは、どの生き物をいちばん長く見ると思う？

part 3 ドキドキ♡ラブ診断

a ペンギン
b クラゲ
c サメ
d イルカ

A25 海の生き物で、カレのもとめる恋人像がわかるよ。
カレがすきな女の子のタイプは…

a おもしろい子

ペンギンの前でたちどまりそうなカレは、おもしろがり屋さん。女らしくて、おとなしい子よりも、はちゃめちゃでも、おもしろい子がすきみたい。失敗話もたのしんでくれるはず！

b マイペースな子

クラゲの前でたちどまりそうなカレは、自由を愛するタイプだよ。つきあう恋人も、自分とおなじように、マイペースな子がいいみたい。気をつかわない関係が理想だね。

c 強気な子

サメの前でたちどまりそうなカレは、つよさへのあこがれを持っているよ。つきあう女の子も、おとなしい子より、自分を持っていて、ハッキリしているタイプがいいみたい！

d かしこい子

イルカの前でたちどまりそうなカレは、かしこい女の子がすきだよ。頭の回転が速くて、ものわかりがいい子にひかれるみたい。さらに、空気が読めれば、パーフェクト！

演技力がだいじ！

「なにか顔についていない？」とカレにいってみて。
カレはどうしたかな？

a 口のまわりをさわった

b 目のまわりをさわった

c 口や目以外の場所をさわった

d 顔はさわらなかった

part 3 ドキドキ♡ラブ診断

食い意地チェック⁉

食べ物をかけて、カレにじゃんけんをしかけてみて。
カレが最初にだしたのは？

a グー

b チョキ

c パー

d 無敵の形

A26 どこにふれたかで、あなたに好意があるかどうかがわかるよ。
カレにとって、いまのあなたの存在は…

a 大すき
カレがさわったのは、愛情をあらわす口のまわり。もしかしたら、もうあなたのことがすきなのかもしれないよ！ ただ、まだ自分の気持ちに気づいていないことも。あせらずに、恋をはぐくんでね！

b 気になる存在
「目は口ほどにものをいう」ということばのとおり、目は意志の力をあらわすよ。カレは、あなたにいちもくおいていて、心をひらいてくれているよ。いっしょに話したりするのがうれしくてしかたないみたい。

c 仲のいい友だち
目や口以外の顔の場所をさわったカレにとって、あなたは、いっしょにいるとラクな相手みたい。話せば話すほど、心が近づいていくよ！ からかいあったりするうちに、特別な相手になれそうだね！

d よくわからない子
さわらなかったのは、警戒心のあらわれだよ。いまのところ、カレはあなたのことを意識していないみたい。1対1より、友だちを交えて近づくと、しぜんな形で仲よくなれるよ！

A27 なにをだすかで、カレの性格がわかるよ。
カレの性格は…

a まじめ
ぎゅっと手をにぎってつくるグーの形は、カタよさのあらわれ。じゃんけんで、グーをだすカレは、意志がつよくてまじめなの。告白をするなら、しんけんに。本気でぶつかれば、受けとめてくれるよ。

b 負けずぎらい
人さし指と中指をまっすぐのばしてつくるチョキの形は、おそれずに前へすすむ強気な性格をあらわしているよ。カレは、なんでも自分でやりたいタイプ。カレが告白してくれるようにリードしてみてね！

c 陽気
手を大きくひろげてつくるパーの形は、開放をあらわすよ。カレは、オープンでノリがいいタイプだね。告白をするなら、明るいふんいきを演出して。「つきあったら、きっとたのしいな」と思わせて！

d ひねくれ者
無敵の形をだしたカレって、相当かわっているよね。「なんで、あなたをすきになっちゃったんだろう？」みたいに、ちょっとひねりをきかせた告白が、有効だよ！

Q28 はじめての共同作業!?

あなたがかいたまるの絵に、もうひとつまるをかいてもらって。
大きさは自由だよ！ どんなまるをかいたかな？

 最初のまるからはなれた位置に、おなじくらいの大きさのまるをかいた

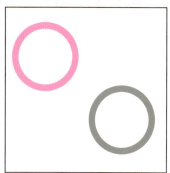

 最初のまるのなかに、小さいまるをかいた

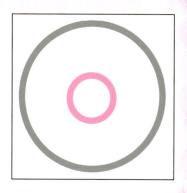

 最初のまるをかこむように、大きなまるをかいた

 最初のまるにかさねてまるをかいた

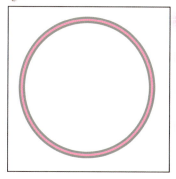

part 3 ドキドキ♡ラブ診断

まるの位置で、カレのマザコン度がわかっちゃう。

カレのマザコン度は…

 マザコン度0％ 脱・マザコン

最初のまるから、はなれた場所にまるをかいたカレは、自立心がつよくて大人っぽいよ。親は親、自分は自分って、わりきっているみたいで、母親ばなれも早め。クールだよ！

 マザコン度100％ 超マザコン

カレは、まちがいなくマザコン！　お母さんが大すきで、恋人も、母親ににている子がいいって思っていそうだよ。カレのお母さんがどんなタイプか聞いてみると、恋のヒントになりそう。

 マザコン度70％ かくれマザコン

カレは、かくれマザコンタイプ。いつもは、親なんて関係ないって顔をしているけれど、いざとなると、お母さんにたよっちゃうみたい。自分を、やさしくつつんでくれる恋人をもとめているよ。

 マザコン度40％ ときどきマザコン

母親にたいして、愛情とうっとうしさがミックスしているみたい。なんだかんだいって、カレはお母さんのことがすきだけれど、それを人に知られるのははずかしいって思っているみたいだね！

お嬢さまvs執事！

あなたはお嬢さま。気になるカレがあなたの執事だったら、どんな執事になりそう？

 サービス満点！ あなたに服従する執事

 二重人格!?　みんなの前では従順、ふたりきりだとオレさまタイプ執事！

 立場逆転？ ドS執事

 超有能！　こびないけれど、仕事はしっかりやるクール執事

part 3 ドキドキ♡ラブ診断

キューピッドの矢のゆくえば？

キューピッドが矢でねらっているのは？

 女の子のハート

 男の子のハート

 リンゴ

 お菓子

カレがとりそうな態度で、カレが浮気性かどうかがわかるよ。

カレの浮気度は…

a 浮気度30%

お嬢さま命で、すべてをささげてくれそうな執事のイメージのカレは、浮気はしないはず。だけど、あなたとケンカをすると、ヤケになることがあるかも。だいじにしてあげてね！

b 浮気度0%

人前では、パーフェクトな執事。でも、ふたりになると、ガラリと態度がかわりそうなカレは、あなたにメロメロ。口では浮気をほのめかすけれど、あなたをからかっているだけ。いちずな性格だよ！

c 浮気度50%

いいたいことはハッキリいう！　そんな強気な執事をイメージさせるカレは、ちょっと浮気っぽいかも。でも、「アヤシイ」と感じたら、クギをさせばだいじょうぶ。

d 浮気度80%

とってもまじめな執事になりそうなカレは、サバサバタイプ。本命がいても、ほかの子とあそびにいったりしそう。悪いと思ってないから、「ここまではいいけれど、これ以上はダメ」とルールをきめて！

キューピッドがねらった的で、あなたがだまされやすいかどうかがわかるよ。

あなたのだまされやすさは…

a だまされやすさ100%

キューピッドが、女の子のハートをねらっていると考えたあなたは、すなおすぎるみたい！　男の子のことばをうのみにしやすいよ。話がうたがわしいときは、友だちに相談してね。

b だまされやすさ80%

キューピッドが、男の子のハートをねらっていると考えたあなたは、もともとはだまされにくいタイプ。でも、恋をすると、カレだけは例外になりそう。バレバレのウソも信じちゃうかも!?

c だまされやすさ50%

キューピッドが、リンゴをねらっていると考えたあなたは、ウソやごまかしにびんかん。だけど、いいわけされると、うたがっては悪いと思い、信じちゃうみたい。直感をだいじにしてね。

d だまされやすさ20%

キューピッドが、お菓子をねらっていると考えたあなたは、慎重で、用心深い性格だね。おいしい話には、ウラがあると考えて、パスするはず。だまされにくいよ！

ご近所づきあい

友だちとおなじマンションに住むことになったよ。
友だちの部屋はどこ？

part 3 ドキドキ♡ラブ診断

 おとなりどうし！

 あなたの上の部屋

 あなたの下の部屋

 おなじ階だけど、はなれている

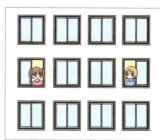

A31 友だちの部屋がどこにあるかで、あなたの恋のゆくえがわかるよ。
友だちとおなじ人をすきになったら…

a 恋をあきらめて、友だちを応援する！

友だちとすきな人がかぶったら、恋をあきらめて、友情をとることになりそうだよ。もともと、あらそいごとはきらいだし、だれかをかなしませて、自分だけしあわせになるなんて考えられないの。恋心にフタをして、友だちを優先するよ。

b 友だちとファンクラブをつくる！

すきという気持ちをごまかしたくないけれど、友だちとも気まずくなりたくないあなた。恋と友情がバッティングすると、すごくなやむことになりそう。でも、友だちといっしょにファンクラブをつくることで、たのしくもり上がることができるよ。

c こっそり、恋のアプローチをしてみる！

恋と友情ならば、恋をとるタイプだね。おなじ人をすきになった段階で、友だちは気をゆるせる存在ではなくなるのかも。愛する人が世界のすべてになって、それ以外のことは、どうでもよくなりやすいよ。

d 堂どうと、ライバル宣言をする！

恋と友情がバッティングしたら、自分の気持ちをオープンにして、フェアにたたかうのが、あなたのスタイル。こっそりアプローチしたり、あきらめたりするのは、性にあわないの。堂どうとたたかって、結果を受けいれるよ。

魔法で大変身！

大すきなカレに化けてみたよ！ でも見やぶられて、魔法が解けたの。
見やぶったのは？

 カレの家族　　 カレの友だち

 あなたの友だち　 ペット

けむりがモクモク！

魔法の大なべで薬をつくっているよ。
しあげの薬草を投げいれたあなた。
さて、何色のけむりがでるかな？

 黒　 赤

 紫　 黄

羽根をキャッチ！

空から天使の羽根がおちてきたよ。あなたは、何枚ひろえたかな？

 1枚　　　 2、3枚

 4枚以上　 ひろえなかった！

A32 あなたの男心理解度は…

見やぶったのがだれかで、あなたが男心を理解しているかどうかがわかるよ。

a 男心理解度99%
あなたは、男の子をまるごとわかってあげられるステキな女の子。ただ、わかりすぎて、親友っぽくなっちゃうことも。

b 男心理解度70%
あなたは、男の子のなかには、自分とはちがう、女の子がはいれないフィールドがあるとわかっている大人だね!

c 男心理解度50%
男の子と女の子は、ちがうものだと思っているあなた。だから、考えすぎてかえって男心がわからなくなっていそう。

d 男心理解度20%
あなたは、男の子と女の子のちがいを意識しないですごしてきたのかも。男の子はてれ屋だし、じつは、きずつきやすいよ。

A33 あなたの浮気度は…

けむりの色で、あなたが浮気性かどうかがわかるよ。

a 浮気度0%
あなたは、目移りや心がわりはしないタイプだね。この人ときめると、それ以外の男の子は、恋愛対象じゃなくなっていくよ。

b 浮気度50%
あなたの心のおくには「最高の恋がしたい」という思いがあるみたい。本命がいても、ほかの異性をついチェックしちゃうよ。

c 浮気度90%
ミステリアスな紫色のけむりをえらんだあなたは、あまいムードによわいよ。すきな人がいても、目移りや心がわりしそう。

d 浮気度30%
あなたが浮気をすることがあるとしたら、すごくおこっているとき。本命をきずつけたくて、あてつけでしちゃうそう。

A34 あなたの結婚までの早さは…

ひろった羽根の数が、出会ってからプロポーズされるまでの年数だよ。

a 相手に出会って、1年後!
結婚相手と出会ったら、1年後には、ウエディングベルが鳴りそうだね! まわりから祝福されるしあわせな花嫁になれそう!

b 相手に出会って、2、3年後
あなたのひろった羽根の数が、2枚なら、2年後、3枚なら3年後になりそう。理解しあってから結婚するんだね。

c 相手に出会って、4年以上たってから
羽根をいっぱいひろったあなたは、よくばり屋さん。幸福は、全部手にしないと気がすまないんじゃない?

d 相手に出会って、すぐ!
あなたが1枚も羽根をひろえなかったのは、運命を待つ必要がないせい。出会った瞬間に、すぐ結婚ってことも!

Q35 配達がかりばだれ？

ヒミツのお茶会の招待状がとどいたよ。はこんできたのは？

 ツバメ

 ライオン

 ヤギ

 ウサギ

part 3 ドキドキ♡ラブ診断

えらんだ動物で、結婚式の場所やスケールがわかるよ。

あなたの結婚式は…

 リッチに海外ウエディング

北から南へ、南から北へ、ツバメは遠くまで飛んでいくことができるわたり鳥だよ。あなたの結婚式も、国境をこえて、ビッグスケールな式がおこなわれることになりそう。海外ウエディングをする可能性が高めだよ！

 ゴージャスなホテルでのウエディング

百獣の王ともよばれるライオン。ヨーロッパでは、王家のシンボルとされることも多く、ゴージャスでリッチなイメージがあるよ。あなたは、まるでお姫さまのような花嫁になりそう。超豪華な結婚式をあげるはずだよ！

 クラシカルな教会でのウエディング

あなたが結婚式をあげるとしたら、伝統的なスタイルになりそう。立派な教会で、うつくしいドレスに身をつつみ、おごそかな空気のなか、神父さまに祝福されて、最愛の人と永遠の愛をちかうことになるはず。

 オープンなガーデンウエディング

ウサギをえらんだあなたの結婚式は、キュートでポップなスタイルになりそう。さわやかな青空の下、緑いっぱいのガーデンウエディングをあげるよ。うつくしい花のアーチが、新しい人生への第一歩となることに！

Q36 ウエディングドレスはどれにする?

あこがれのウエディングドレス、いちばん着てみたいのは?

a フリルと段がいっぱいの
プリンセスラインのドレス

b マーメイドラインの
大人っぽいドレス

c クラシカルな
エンパイアラインのドレス

d すそが長い
ロングトレーンのドレス

part 3 ドキドキ♡ラブ診断

A 36 着たいドレスで、あなたの結婚後の生活がわかるよ。

あなたが結婚して、お嫁さんになったら…

a 明るく、人気者のお嫁さん

あなたは、タレントのように注目をあつめそう。おしゃれな部屋で、センスのいい服を着こなして、おいしい料理やおやつも手作りする、スーパーなお嫁さんに大変身！ テレビやwebで紹介されて、人気者になっちゃうかも！

b しっかり者の、たよれるお嫁さん

あなたは、ほんとうにやりたいことに出会いそう。家事をしながら、バリバリ仕事をこなして、大成功をおさめるよ。たとえば「良妻賢母で、社長」のように、変化と刺激がいっぱいの生活をおくることになる、お嫁さんだよ！

c やさしくて、愛情深いお嫁さん

あなたは、家族のしあわせをやさしくまもるお嫁さんになるよ。夫婦であちこちによばれてでかけたり、お客さまをやさしくおもてなししたりすることで、だんなさまのじまんのお嫁さんになるよ。

d カワイイ、あまえ上手なお嫁さん

だんなさまにベタぼれされて、あなたは愛されまくり！ 宝物のようにだいじにされそう。「キミは、なにもしなくていい！」なんて、お姫さまあつかいされちゃうかも!?　あなたをしあわせにするために、だんなさまも、どんどん出世しちゃうよ！

Q37 結婚式の人気メニューは？

結婚披露宴のおもてなしがかりになったよ。
おいしいと話題になったのは？

 フレッシュサンドイッチ

 カラフルサラダ

 ゴージャスステーキ

 スペシャルウエディングケーキ

A37 人気メニューで、あなたの結婚生活がわかるよ。
あなたが結婚してつくる家庭は…

a 信頼しあえる家庭

野菜やハム、卵やベーコンなど、いろいろな材料をはさんでつくるのが、サンドイッチ！　もとはべつべつのものが、ひとつになって、おいしい味を生みだすように、あなたの家庭も、かたいきずなでむすばれるはずだよ。

b オープンな家庭

うつくしい器にもられたカラフルサラダのように、あなたの結婚生活は、フレッシュな味わいとなるよ。オープンで、だれでもかんげいするムードがあるから、友だちもいっぱいあつまってきて、にぎやかでタイクツしないよ。

c たのしい家庭

ゴージャスステーキは、パーティーがもり上がったタイミングででてくるメインディッシュ！　あなたの家庭も、いろいろなイベントでもり上がることができる、たのしくて充実したものになること、まちがいなし！

d ラブラブな家庭

ほかのメニューとちがって、ウエディングケーキは、結婚式でしか食べられない特別でたいせつなメニューだよ。これをえらんだあなたは、結婚生活もたいせつにするから、愛に満ちあふれた家庭になるよ。

プチ心理テスト

Q1 あこがれの人と聞いて、思いうかべたのは、女性？男性？

Q2 予習と復習、すきなのはどっち？

Q3 水着を着るなら、ワンピース型？セパレーツやビキニ？

Q4 すきな人からもらうなら、赤いバラ？青いバラ？

Q5 おさいふをなくしちゃった。ありそうなのは、家のなか？家の外？

Q6 買い物中、おつりがまちがっていたよ。多かった？少なかった？

Q7 川で大きな桃が流れてきたら、キャッチする？見のがす？

Q8 カレの服を借りるなら、シャツ？ジャケット？

Q9 カレの写真をかざるなら、顔のアップ？バストアップ？全身？

Q10 迷子が泣いているよ。何時間後に保護者に会えるかな？

Q11 みんなで食べているお菓子が最後の1個に。食べる？食べない？

Q12 あなたにそっくりの子があらわれたよ。性格は、にている？にていない？

part 3 ドキドキ♡ラブ診断

診断

A1 あなたのホレっぽさは…
女性……理想が高いから、かんたんには、人をすきにならないタイプだよ。
男性……ホレっぽいかも！異性のいいところを見つけるのがうまいね。

A2 あなたに向いているカレへの接近法は…
予習……リサーチがだいじ。カレのこのみや行動パターンを調べて、接近を。
復習……まわりに協力をもとめて。ムードをもり上げてもらうとうまくいくよ♡

A3 あなたは恋でキャラがかわる人？
ワンピース型……恋をしても、ふだんとかわらないタイプ。思いがつたわりにくいかも。
セパレーツやビキニ……だれかをすきになると、キャラがチェンジ。恋に生きるよ！

A4 ひとめぼれしやすいタイプ？
赤いバラ……いいなと思っても、すぐにはすきにならないよ。ひとめぼれはしないタイプ。
青いバラ……ひとめぼれをしやすいよ。ピンときたら、もうカレしか見えなくなりそう。

A5 あなたは、友情が恋にスライドするタイプ？
家のなか……友情が恋にスライドする可能性大。仲よくするうちに、特別な存在に。
家の外……恋と友情は、別ルート。いちど友だちになったら、一生友だちのままだね。

A6 あなたは、恋心バレバレのタイプ？
多かった……自分では、恋心を上手にかくしているつもりでも、みんなにバレバレ。
少なかった……恋心をかくす天才！こっそりと愛をはぐくめるタイプ。

A7 あなたの恋愛の自然消滅度は…
キャッチする……あいまいなのはニガテ！わかれるときも、しっかりと話しあうタイプ。
見のがす……もめごとがニガテ。気まずくなるよりも、フェードアウトをえらぶはず。

A8 恋愛でのあなたの小悪魔度は…
シャツ……小悪魔度100％。あざとい計算で、カレを誘惑できるタイプだね。
ジャケット……小悪魔度10％。ねらうと、失敗。無意識な魅力で、ドキッとさせそう。

A9 カレへののめりこみ度は…
顔のアップ……すきになったら、カレ命に！まわりが心配するほど、のめりこむ。
バストアップ……最初は、夢中。でも、すぐにおちつきそう。
全身……わりとクール。

A10 あなたの片想いの長さは…
思いうかべた時間が、片想い期間の長さになるよ。ただし、1時間を1年とカウントしてね。たとえば、30分後に会えたと思った人は、片想い期間は、半年ってことになるよ！

A11 あなたの恋愛オープン度は…
食べる……オープン！恋をしたら、みんなに祝福してもらいたいタイプだよ。
食べない……ヒミツ主義。つきあうことになっても、だれにもいわずにすますかも？

A12 あなたに向いている、恋のライバル撃退法は…
にている……強気でＧｏ！ライバルと話しあうことで、勝利を手にできるよ。
にていない……ライバルのことは、気にしちゃダメ。だいじなのは、カレとの関係。

Q13
指切(ゆびき)りをするなら、
きき手?
きき手じゃないほう?

Q14
ガラスのくつを
ひろっちゃった。
かえす相手(あいて)は、
王子さま?
シンデレラ?

Q15
白馬に乗(の)った王子
さまが登場(とうじょう)! 王
子さまになんてい
う?

Q16
「あっち向いてホイ」、
すきなカレにいわ
れて向(む)くのは、
右?
左?

Q17
世界(せかい)でいちばんう
つくしいけれど、
呪(のろ)われている宝石(ほうせき)、
もらう?
もらわない?

Q18
スタンプカードを
ひろったよ。スタ
ンプはどれくらい
あつまっている?

Q19
魔法(まほう)のつえが折(お)れ
ちゃった!
修理(しゅうり)する?
新しく買う?

Q20
恋人(こいびと)にハグ! あ
なたの手は、カレ
のどこにある?
肩(かた)? 背中(せなか)?
腰(こし)?

Q21
大すきなカレの足
をふんじゃった!
ふんだのはカレの、
右足?
左足?

Q22
ロマンチックなキ
スは、
手の甲(こう)?
まぶた? ほほ?
ひたい?

Q23
愛(あい)がお金で買える
なら、あなたは、
買う?
買わない?

Q24
永遠(えいえん)の愛(あい)に色をつ
けるなら、
白?
ゴールド?

part 3 ドキドキ♡ラブ診断(しんだん)

診断

A13 恋愛では追うがわ？追われるがわ？

- **きき手**……自分からすきになって、恋がはじまることが多いみたい。
- **きき手じゃないほう**……相手からすきになられて、恋がはじまりやすいよ。異性のいいところを見つけるのがうまいね。

A14 告白の成功率は…

- **王子さま**……成功率は50％。自分の気持ちとつごうで動くせい。カレの状況も、よく見てね。
- **シンデレラ**……成功率は80％。あなたにはひきよせパワーがあって、タイミングよく動けそうだね！

A15 あなたは本命にたいして？

「待っていたの♡」「カッコイイ」など、プラスのフレーズを思いうかべた人は、本命にもすなおになれるよ。「ウザイ」「タイプじゃない」など、マイナスのフレーズを思いうかべた人は、うつり気なタイプみたい。

A16 カレのことを信じている？

- **右**……カレのことを、100％は信じてないみたい。本気かどうか、たしかめているよ。
- **左**……カレのことを、100％信じているね！　まっすぐな思い、つたわっているはず。

A17 運命の恋をする？しない？

- **もらう**……運命の恋をしそうだね。どんな障害があっても、思いをつらぬけるよ！
- **もらわない**……運命を感じても、ためらってしまいそう。恋には慎重だね。

A18 あなたの失恋ひきずり度は…

スタンプがいっぱいおされているほど、みれんがのこるタイプだよ。ただし、0個と答えた人は、じつは、だれよりも失恋のダメージをひきずりそう。恋愛では後悔のないようにね！

A19 失恋からのたちなおり法は…

- **修理する**……思い出としっかり向きあって、のりこえていくよ。失恋からまなぶものも多いみたい。
- **新しく買う**……次の恋をすることで、たちなおるタイプだね。おなじまちがいをしないように注意してね。

A20 恋愛相談するならこの人！

- **肩**……年上の人にアドバイスをもとめると、うまくいくよ。
- **背中**……異性に助言をもとめて。思いがけないひらめきがあるかも。
- **腰**……友だちが味方！　あなたの気持ちをわかってくれるよ。

A21 結婚は、恋愛？お見合い？

- **右足**……恋愛結婚をしそうだね。おたがいに愛し、愛されてゴールイン！
- **左足**……お見合いや紹介で、運命をひきよせるよ。まわりの人をたよってね！

A22 あなたの結婚相手のタイプは…

- **手の甲**……結婚相手は、ジェントルマン。
- **まぶた**……結婚相手は、クリエイタータイプ。
- **ほほ**……結婚相手は、アーティストタイプ。
- **ひたい**……結婚相手は、超年上かも！？

A23 玉の輿に乗れる？乗れない？

- **買う**……玉の輿に乗れないタイプ。お金で買った愛は、むなしくなって、すぐに投げだしそう。
- **買わない**……自分では、そんなつもりはないのに、気づいたら、玉の輿に乗っているかも？

A24 あなたが受けるプロポーズのことばは…

- **白**……「結婚してください」などの、ストレートなことば♡
- **ゴールド**……「命をかけて一生まもります」「キミなしでは生きていくことができない」など、情熱的なちかいのことば♡

パート4 知りたい！未来診断

あなたの夢は？　将来、どんな仕事が向いていると思う？　自分でもまだわかっていない、ひめた才能や仕事のことなど、心理テストであなたの未来が見えてくるよ。あなたにピッタリの勉強法やヤル気を上げる方法もわかっちゃう！

Q1 魔法学校チャートテスト

あなたは魔法学校にかようことになったよ。
次の**1～5**の質問に答えてね。

1 魔法学校の入学試験はどんな問題だった？

a. 魔法をかける

b. かかった魔法を見やぶる

c. かかった魔法を解く

2 魔法学校へは、どこからかよう？

a. 寄宿舎から

b. ホームステイ先から

c. 自宅から

3 あなたがかよう魔法学校ってどんな学校？

a. 歴史と伝統をまもるクラシックな学校

b. 最新テクノロジーをとりいれた現代的な学校

c. 神秘とロマンがいっぱいのファンタジックな学校

4. 学年一優秀な生徒はどんな人？

a．明るく、ほがらかな人気者

b．プライドが高く、クールな知性派

c．マニアックなかわり者

5. 何年かようと、一人前の魔女になれる？

a．1年　b．3年　c．6年

から  までのあなたの答えを下の表にあてはめて、それぞれの点数をだしてみて。

合計点で自分のタイプを見つけたら、次のページを見てね。

	a	b	c
①	3	2	1
②	2	1	3
③	2	1	3
④	3	1	2
⑤	3	2	1

13点以上……

a 魔法のつえタイプ

11〜12点……
b 魔法のほうきタイプ

8〜10点……

c 魔法のマントタイプ

7点以下……
d 魔法のぼうしタイプ

part 4 知りたい！未来診断

A1 魔法学校へのイメージで、あなたのスクールライフがわかるよ！

クラスのなかで、あなたのポジションは…

魔法のつえタイプ
アイデアマン

発想がユニークで、たのしいこと、おもしろいことが大すきなあなた。人が気がつかない幸運のサインをキャッチするセンスがあるみたい。思いついたことは、どんどん提案してみてね。クラスの名プランナーになれるはずだよ！

魔法のほうきタイプ
実行部隊

行動力があって、やるときめたら、パッと動けるタイプだね。クラスのなかでは、しぜんと中心になって、みんなをひっぱっていくことになりそう。友だちの輪にはいるのがニガテなシャイな子にも、さりげなく声をかけてあげるといいよ。

魔法のマントタイプ
サポート担当

気配り上手で、要領がいいあなた。みんながやりわすれていることに気づいて、さっとフォローするのが得意ね！ クラスのなかでは、連絡や点検をひき受けると、カンペキなチームワークを発揮できるはずだよ。

魔法のぼうしタイプ
ご意見番

しっかり者で、大人っぽいあなた。クラスのなかでも、いちもくおかれていそうだね。みんなの意見がわれたときには、あなたのひと声できまったり、もめごとやなやみごとの相談を受けたりしそう。なにかとたよられる存在だよ。

Q2 魔法の修業先はどこ？

魔法の修業をするならどれをえらぶ？

神殿で、神さまにおつかえする

山おくで、仙人にきたえられる

王宮で、王さまにつかえる

地獄で、悪魔とたたかう

part 4 知りたい！未来診断

えらんだ修業先で、あなたの才能がわかるよ！
あなたのかくれた才能は…

最高のものをつくりだす才能

あなたのハートは、ピュアでクリーン。一点のくもりもなく、正直で誠実だよ。神さまの前では、ウソもごまかしもきかないから、つねに自分のベストをつくすことになるの。本気をだせば、最高の結果を生みだせるはずだよ。

自分の限界を超える才能

あなたは、根っからの負けずぎらい。ムリといわれると、かえってヤル気になっちゃうんじゃない？　限界があれば、それを超えてみたいとねがうはず。世界記録をぬりかえたり、だれもなしとげていない偉業を達成できそう！

世のなかを動かす才能

あなたのなかにひめられているのは、プロデューサーたちが持つひらめきやアイデア。サービス精神旺盛で、カンがよく、世のなかや身近な人がなにをもとめているのか、ピンときちゃう。スペシャルヒットを飛ばせそうだよ！

常識を打ちやぶる才能

正義感がつよく、まっすぐなハートの持ち主だね。自分が正しいと思ったら、だれがなにをいっても、曲げずにすすむことができるはずだよ。つよい意志と実行力で、新しい世界を切りひらくよ。常識をひっくりかえすスゴイことができそう！

Q3 ピラミッドを探検！

ピラミッド探検隊に参加することになったよ。のりものはどれにする？

part 4 知りたい！ 未来診断

- **a** ラクダ
- **b** 馬
- **c** ジープ
- **d** ヘリコプター

えらんだのりもので、あなたの未来がわかるよ！
あなたの夢をかなえる方法は…

マイペースで、コツコツと！

やるべきことをひとつずつこなすことで、ステップアップしていくタイプだね。たとえ、どんなに得することができても、ズルをするのは、ぜったいにイヤじゃない？　まじめにコツコツがんばって、未来を切りひらくよ！

先手必勝で、スピーディーに！

馬は、スピードのシンボルだよ。あなたは、時間がかかりすぎると、イヤになってしまうタイプみたい。すぐに、結果がでることをいくつもこなして、実力を証明していくはずだよ。コンテストやコンクールで未来をつかむよ。

思いきったチャレンジを！

あなたは要領がいいタイプだね。どんなときでも、カンタンに答えがでる方法を見つけちゃう。でも、苦労しないぶん、やり方もすぐにわすれちゃうの。大きな目標にチャレンジして、経験をつむといいよ。

大学や海外で視野をひろげて！

あなたは、好奇心旺盛なタイプだね。かわったこと、めずらしいことがあると、それだけで、気持ちが動いちゃう。知りたい、ためしてみたいという思いがつよいはず。高等教育や海外の文化から、チャンスをつかめそう。

Q4 うた寝をするなら？

魔法学校のお昼休み。あなたがリラックスしてうたた寝できる場所はどこ？

part 4 知りたい！未来診断

三日月のゆりかご

星くずのハンモック

雲のベッド

干し草のマットレス

A4 リラックスの方法で、あなたの集中ポイントがわかるよ！
あなたにピッタリの勉強法は…

a ザワついた場所で！

集中力バツグンのあなたは、雑音が聞こえる場所でこそ、頭の回転がよくなるみたい。電車やバスなど、のりものに乗っている間に暗記をしたり、かたづけをしながら暗唱するなど、「ながら勉強法」でまなぶと、上達が早いよ！

ラッキーアイテム
単語帳

b ノートをカラフルに整理して！

カワイイもの、キレイなものが、あなたの能力をひきだしてくれるよ。カラフルなノートをつくってみて！まとめポイントを書きだすなど、自分なりのまとめ方をすることで、理解が深まって、たのしく知識が身についちゃう！

ラッキーアイテム
蛍光ペン

c とにかく問題をたくさん解いて！

あなたは、ちょっと気が散りやすいタイプみたい。コツコツと知識をつみかさねるよりも、問題をたくさん解いて、考え方のコツをつかむのがよさそう。答えあわせをしておわりではなく、まちがえなくなるまでとりくんでね。

ラッキーアイテム
ふせん

d 基礎をていねいにまなんで！

あなたにとってだいじなのは、理屈やしくみを理解すること。なにがどうなっているのか、どことどこがつながっているのか、全体をつかむと、あとはかんたんにわかるはず。しっかりと基礎をまなぶのが、学力アップの早道に！

ラッキーアイテム
自由ノート

part 4 知りたい！未来診断

Q5 モチベーションアップで運気もアップ！

次の質問に**1**から順番に答えてね。

1
運命はかえられると思う？

a. かえられる……**2**へ

b. かえられない……**3**へ

2
自分の名前は、すき？

a. すき・まあまあすき
……**4**へ

b. あまりすきじゃない・きらい
……**5**へ

3
鏡をよく見る？

a. 見る……**5**へ

b. あまり見ない・見ない
……**6**へ

4
夜ねるときの明るさは？

a. まっ暗がいい
……**7**へ

b. 少し明るくないとダメ
……**8**へ

5
坂道を思いうかべて。どっちの坂道だった？

a. 上り坂
……**4**へ

b. 下り坂
……**6**へ

6 いま、かえたいのはどっち?

a. ルックス…… **8**へ

b. 性格…… **9**へ

7 お受験の経験は？

a. ある…… **10**へ

b. ない…… **11**へ

8 運動部や運動クラブにはいっている？

a. はいっている…… **7**へ

b. はいっていない…… **9**へ

9 できるなら、男に生まれたかった？

a. はい…… **11**へ

b. いいえ…… **12**へ

10 家族は、仲がいいほうだと思う？

a. 思う…… **A**タイプ

b. 思わない…… **B**タイプ

12 将来の夢は、きまっている？

a. きまっている…… **C**タイプ

b. きまっていない…… タイプ

11 年齢よりも上に見られることが多い？

a. 多い…… **12**へ

b. そうでもない…… **10**へ

診断は次のページを見てね！ ➡

A5 心のなかのイメージで、あなたのヤル気のありかがわかるよ。

あなたにピッタリのヤル気アップ法は…

A とにかく目標を持つ

これをやりたい、あの人みたいになりたいなど、ハッキリとイメージを持つほど、がんばることができるあなた。志望校をきめたり、あこがれの人の写真を目につくところにかざったりすると、夢や理想の実現が早まるよ！

B ライバルをつくる

あの人には、負けたくない！　その一心で、びっくりするほどのパワーを発揮しそう。よきライバルを見つけて、きそいあうのがいちばん！テストやコンテスト、コンクールなど、ハッキリと結果がわかるジャンルで勝負してみて。

C 有言実行を心がける

あなたは、自分で感じている以上に、ミエっぱりだね。でもそれが、夢の実現にはとても役にたつの！　まず、「こうするつもり」と宣言をしてみて！　あとにはひけない気分になって、ミラクルをおこすほどの集中力でがんばれるよ！

D こっそり実力をたくわえる

もともと、ヒミツ主義のあなた。みんなに応援されるよりも、じつは、実力バッチリでした！　と、おどろかせるほうが燃えるハズ。だから、ないしょで準備をするといいみたい。ここぞというときのために、こっそり実力をたくわえておいてね！

Q6 海外旅行でおとずれた順番は?

海外旅行にでかけたあなた。旅行先でとった4枚の写真を、おとずれた順番にならべなおしてみたよ。最後になったのはどの写真?

part 4 知りたい! 未来診断

 a ビーチ

 b 古城

 c 遺跡

 d 大都会

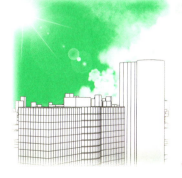

A6 いちばん最後の写真が、あなたの未来をあらわすよ。
あなたがかつやくする仕事は…

a 女優や遊園地スタッフなど、人をたのしませる仕事

エンターテインメントなジャンルで、才能が開花しそうだね！　たとえば、ドラマや映画、舞台などでかつやくする女優、テーマパークのキャストなど、えんじる要素がある仕事はピッタリだよ。

b お医者さんなど、人の役にたつ仕事

人から尊敬されたり、感謝されたりすることで、自分を高められるあなたは、お医者さんや看護師さんなど、人の役にたつ仕事があうよ。学校の先生や研究者として、学問にかかわるのもいいね。

c アーティストなど、自分を表現する仕事

あなたのハートのおく底には、情熱がかくれていそう。アーティストやダンサー、カメラマンやまんが家など、自分を表現する仕事が向いているよ！　世界的に注目をあびる大先生になれるかも!?

d アスリートなど、自分が成長できる仕事

向上心旺盛なあなたには、自分の限界にチャレンジできる仕事がピッタリ！　プロのアスリートや登山家をめざしてみて。社長など、会社をひっぱっていく道にすすむのもいいね！

Q7 鏡のなかみが脱走中!

ピンチ！　鏡にうつったあなたがにげだしちゃった！
もういちど鏡にうつせば、鏡のなかにもどるよ。あなたはどの鏡にうつす？

 おフロの鏡

 更衣室の鏡

 **ピカピカの
ショーウインドー**

 **お気にいりの
手鏡**

part 4 知りたい！ 未来診断

Q8 カリスマ美容師ってどんな人？

カリスマ美容師にヘアカットしてもらうことになったよ。
さて、美容師はどんな人かな？

a 明るく、チャラい！

b やさしく、フレンドリー！

c 天才肌で、エキセントリック！

d 無口で、クール！

A7 どの鏡をえらんだかで、あなたの才能の状態がわかるよ。

いまの、あなたの才能の状態は…

a あなたの才能は、まだ発見前！

自分がなにに向いているか、まだよくわかっていないみたい。才能をひきだすには、「すき」という思いがカギになるよ。うまくやれるかどうかは、考えなくていいの。やっていてたのしいことを追いかけてね。

b あなたの才能は、成長中

あなたの才能は、芽がでたばかり。注目をあつめたり、ほめられたりして、つい、うぬぼれてしまいそうだけど、実力はまだまだ！ 謙虚に、まわりの意見を聞きながら、努力していこうね！

c あなたの才能は、開花中

あなたの才能は、キラキラとかがやきだしているみたい。もっと、得意なことをアピールしてみて。ビッグチャンスをひきよせて、大かつやくできるよ。思いがけない、べつの才能もめざめちゃうかも！

d あなたの才能は、原石の状態

あなたの才能は、いまはまだ原石の状態。花ひらくのはもう少し先かも。でも、宝石もしっかりみがいてキレイにカットしないと、かがやかないもの。いまは将来のために、自分みがきをはじめてね。

A8 えらんだ美容師のタイプで、あなたの才能を開花させるコツがわかるよ。

あなたの才能を開花させるポイントは…

a チャレンジ精神で、なんでも前向きにトライしてみて！

あなたの才能を開花させるカギは、ノリのよさにありそう。おもしろそうと思ったら、どんどんチャレンジしてみて。それがきっかけで、世界がパッとひらけるはず。新しい流行をつくりだせるかも。

b 社交性を意識して、いろいろな人と話してみて！

あなたは、人とのつながりのなかで、自分の居場所や役わりを見つけるタイプだね。自分のためではなく、だれかをたすけてあげる方法を考えてみて。思いがけない才能があふれだすことに！

c 自信を持って、いつも自分らしくふるまってみて！

世間をあっといわせるようなスゴイことをする人は、「かわっている人」だと思いこんでいるあなた。だから自分のからをやぶれないの。人にどう思われようが、わが道をいくと、才能がめざめるよ。

d 集中力を身につけてみて！

よけいなことはいわないけれど、やるべきことはバッチリこなす。そんな職人さんのように、なにごとにもストイックにとりくむと、あなたの才能がいっきに開花するよ。

Q9 水晶玉のなかにあらわれたのは？

水晶玉をのぞいたら、1羽の鳥がうつったよ。それは、次のうちどれ？

part 4 知りたい！ 未来診断

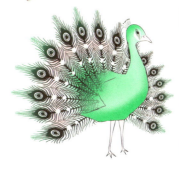

A9 えらんだ鳥で、あなたの才能をひきだす習い事がわかるよ。
あなたの才能をアップさせる習い事は…

a 空手、合気道であなたの戦闘力がアップ！

タカをえらんだあなたには、武道がオススメ。空手、合気道、剣道などで、タフな心身を手にいれてね。弓道やなぎなたなども、ピンときたらチャレンジを。からだを動かし、かつ、精神もビシバシきたえられる習い事で、新しいあなたが誕生するはずだよ。

b ピアノや絵画であなたの想像力がアップ！

クジャクをえらんだあなたは、芸術的な分野の習い事をすることで、個性や想像力がアップするよ。ピアノやバイオリンなどの楽器を習ってみたり、絵画に挑戦したりしてみて。合唱や演劇もオススメ。感性が刺激されて、才能がアップするはず。

c 書道やそろばん、水泳であなたの行動力がアップ！

フクロウをえらんだあなたは、小さいころにやった習い事に、もういちどチャレンジするのがオススメ。からだがコツをおぼえているから、上達が早いし、やりがいもあるよ。自分に自信がついてくるので、行動力がついて、才能もますますアップしちゃう！

d 新体操、茶道であなたの女性的な魅力がアップ！

白鳥をえらんだあなたには、女子力を高める習い事がオススメだよ。バレエや新体操で女性らしい身体能力を高めたり、茶道や華道など、昔ながらの習い事で、おくゆかしさ、しとやかさをひきだしたりするのがオススメ。男子からの注目度も高まるよ！

Q10 ぜったいイヤな罰ゲームは？

勝負に負けたら、罰ゲーム。ぜったいにイヤなのは？

a ひとりで教室のそうじをする

b 1週間、おやつぬき

c すきな人の名前をバラされる

d みんなの前でモノマネをする

part 4 知りたい！未来診断

やりたくない罰ゲームで、あなたのニガテなものがわかるよ！
どうしてもニガテなことば…

a 孤独がニガテ

あなたは、ひとりぼっちになることがこわいみたい。みんなから仲間はずれにされたらどうしようって思って、むりにあわせることが多いね。でも、それではつかれちゃう。ときにはひとりで行動してみて。別行動のよさもあるから、早く気づいてね。

b ガマンがニガテ

あなたは、ガマンがニガテみたい。やりたいって思ったら、すぐにやらないと気がすまないし、すきなものは、全部自分のものにしたいって思っていそう。でも、それって、ワガママじゃないかな？　こらえることもおぼえると、もっとすてきになれるはず！

c 無理難題をたのまれるのがニガテ

あなたがぜったいにイヤなのは、無理難題をいわれて自分のペースをくずされること。相手がふざけ半分ならば、なおのことイライラしがち。そんなときはひと呼吸。むりなことはむりと、誠意をもってことわって。きっと相手もわかってくれるよ。

d ウソがニガテ

あなたは、ウソをつくのも、つかれるのも、大キライ！　ごまかしの気配を感じただけで、イヤな気分になりそうだね。ウソのない関係は理想だけど、ありのままにつたえられないことも、ときにはあるということを、おぼえておいてね。

Q11 もし、ドラゴンになったら?

気づいたら、あなたはドラゴンになっていたよ。
ドラゴン退治のおふれがでているとしたら?

- **a** 遠くへにげる!
- **b** 見つからないようにかくれる
- **c** わかってもらえるまで説明する
- **d** たたかって、けちらす!

part 4 知りたい! 未来診断

Q12 あなたの小人ライフは?

小人になってしまったあなた。さて、どうやってくらす?

- **a** 自分の家にかくれてくらす
- **b** 友だちの家でかくまってもらう
- **c** 家族といっしょにあちこちいく
- **d** せっかくだから、世界中を飛びまわる

A11 ピンチのとき、どうするかで、あなたのサボリ度がわかるよ。

目標のじゃまをする!? あなたのサボリ度は…

a サボリ度100%
やらなきゃいけないと思えば思うほど、やりたくなくなっちゃうあなた。それは、自分でどんどんハードルを上げているせいかも。5分だけとりくんでみると、あんがいあっさりとクリアできるはず!

b サボリ度80%
やらなければいけないことは、それなりにがんばるタイプ。でも、やりながらついラクをしちゃう。ズルやごまかしは、まわりにバレバレだよ。やる以上は、がんばって、カンペキをめざしてみて。

c サボリ度0%
サボれないタイプだね。みんながてきとうに流していることも、あなただけカンペキにしあげていそう。信頼度はバツグンだし、がんばりは実力にかわるよ。これからも、きっちりやろうね。

d サボリ度50%
がんばり屋さんでマジメなのに、人に影響されやすいみたい。サボろうってさそわれると、「ま、いっか〜」って思っちゃいそう。だいじなのは、つよい心。悪いさそいはキッパリとことわって。

A12 くらしの行動範囲で、あなたの指導力がわかるよ!

あなたのリーダー度は?

a マイホームのリーダー
家のなかでは、強気なあなた。家族や親せきの前では、立派なリーダーになれるんじゃない? でも、友だちなど、よその人の前だとえんりょしがちに。メンバーの一員として、協力するといいよ。

b クラスのリーダー
決断力、実行力、人望と三拍子そろっているあなた。クラスや部活のなかで、しぜんにリーダーにえらばれそう。みんなの心をひとつにまとめて、イベントや学校行事をもり上げてね!

c ご近所のリーダー
いざというときに、パワーを発揮できるタイプだね。みんながパニックになっているなかでも、ひとりで冷静にジャッジできそう。ご近所の大人たちも、あなたの指示にしたがってくれそうだよ。

d 世界のリーダー
あなたのリーダーシップはバツグン!将来、世界をひっぱっていくリーダーになれるほど。だいじなことをきめられるように、いまからたくさん勉強しておくといいよ。政治の世界をめざすのも◎。

Q13 天下の大ドロボウのミス

あなたは天下の大ドロボウ。でも、うっかり目撃されちゃった。
さて、あなたを見つけたのは？

part 4 知りたい！ 未来診断

a 名探偵

b お嬢さま

c ガードマン

d 通行人

A13 目撃者から、あなたの未来の味方がわかるよ！

将来あなたのつよい味方になってくれる人は…

a ライバル

将来、あなたの味方になってくれるのは、いま、ライバル関係にある人みたい。おなじポジションをうばいあったり、おなじ夢や目標を追いかけているだれかが、この先、ベストフレンドにかわるはず。おたがいに、力をみとめあってつよい味方になってくれるよ！

b 友だち

将来、あなたをたすけてくれるのは、いますでに仲よくなっている友だちみたい。夢をかなえたい思いや、がんばりをわかってくれて、いざというときに、力をかしてもらえるよ。あなたも、友だちの力になってあげてね！

c 目上の人

将来、あなたの味方になってくれるのは、目上の人みたい。いまは、きびしくしかられることが多くても、それは、あなたに期待しているから。人生のだいじな場面で、きっと、先生や先ぱい、親など、年上の人がたすけてくれるよ。

d ぐうぜん出会う人

将来、あなたをたすけてくれるのは、たまたま、そこにいあわせた人みたい。知りあったばかりなのに、ピンチをすくってくれたり、力をつくしてたすけてくれたりしそう。あなたも、知らない人に親切にすることを心がけてね！

Q14 アミダクジに1本書きたして！

カラフルな魔法のアミダクジがあるよ。
さて、あなたが線を1本書きたすなら、どの色の線の間？

part 4 知りたい！未来診断

 赤と黄色の線の間

 黄色と緑の線の間

 緑と青の線の間

 青と紫の線の間

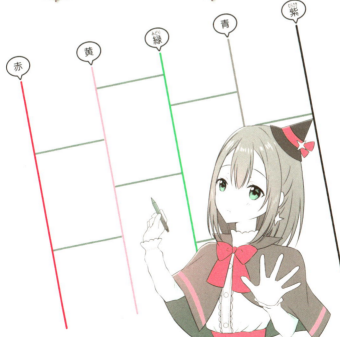

将来かつやくする場所は…

どの色の間に書きたすかで、あなたがどこでかつやくするかがわかるよ。

a 活気にあふれる大都会

将来、あなたがかつやくするのは、たくさんの人があつまって、活気にあふれる大都会！ オフィスやショップにつとめて、おしゃれな仕事をしそうだね。イベントやステージなどで仕事をしたら、芸能界やマスコミデビューにつながっちゃうかも!?

b 草原や花畑のそば

将来、あなたがかつやくするのは、自然にかこまれたステキなフィールド。いごこちのいいカフェやレストランを経営したり、花やフルーツをあつかう仕事をしたりしそうだね。趣味を仕事にする可能性も高いよ！

c 山や森のそば

将来、あなたがかつやくするのは、人里はなれた山や森のそば。大自然をたのしむホテルを経営したり、ネイチャーガイドになったりするかもしれないね。また、自分の専門の世界をきわめて、研究所を持つかもしれないよ。

d 海や川のそば

将来、あなたがかつやくするのは、海や川など、水の流れのある場所。船をそうじゅうする仕事をしたり、遠い町や海外と取引することになるかもしれないよ。大成功をおさめて、海や川のそばに別荘を持つ人になっているかも！

Q15 燃えるほのおを見つめて

メラメラとほのおが燃えているよ。さて、どんな火だと思う？

- a 火山
- b キャンプファイヤー
- c 暖炉
- d キャンドル

Q16 魔法界の宝物といえば？

伝説の商品が売られているよ。
ねだんがいちばん高いのはどれだと思う？

- a 王家のリング
- b 人魚のなみだ
- c ユニコーンのつの
- d 不死鳥の羽根

part 4 知りたい！未来診断

A15 思いうかべたほのおの大きさで、あなたの運のつよさがわかるよ！
将来の運をつかむ、ラッキー度は…

a ラッキー度50%

心のおく底で自分の幸運を信じきれていないあなた。だから、いいことがあっても、うたがってしまい、せっかくのチャンスをのがしそうだよ。おもしろそうと思ったら、どんどん挑戦してみて。

b ラッキー度80%

ねがえば、わりと思いどおりになってきたラッキー人生をおくっているあなた。でも、だいじなところで、自分の気持ちよりもまわりの希望を優先させちゃうみたい。だいじな夢は、ゆずっちゃダメ！

c ラッキー度100%

あなたは、だれもがうらやむラッキー人間！　のぞみがかないやすいし、自分で思ってもいない方向に運がひらけていくよ。たまに思いどおりにならないことがあっても、それが幸運をまねくはず！

d ラッキー度20%

「ツイてないな」が口グセのあなた。でもほんとうは、いいことはいっぱいおこっているはず。プラスの面より、マイナス面ばかり見ちゃうから、ラッキーがにげていくの。感謝の心を育ててね。

A16 えらんだ商品で、将来どれくらいお金持ちになれるかがわかるよ！
将来のあなたのお金持ち度は…

a お金持ち度30%

王家のリングがいちばん高いねだんで売られていると思ったあなたは、お金にこだわりすぎて、かえってびんぼうになりやすいかも。ケチケチしすぎないよう気をつけてね！

b お金持ち度50%

もらったら、もらったぶんだけ使っちゃうあなた。お金をもうける才能はあるけれど、ためるセンスがないみたい。いまから、貯金をするクセをつけてね。お金持ちへの道がひらけるよ！

c お金持ち度100%

お金のたいせつさをよくわかっているあなたは、ためるときはしっかりためて、使うべきところではケチらずに、ドンッと使う人だね。将来は、世界的な大富豪になれるかも!?

d お金持ち度80%

もともと、お金へのこだわりがうすいタイプだね。でも、お金持ちになる！　ときめると、いい流れにすぐに乗れそう。リッチな人と知りあって、ゴージャスなくらしができるようになるかも。

Q17 先ぱいたちの教室で

上級生の教室で、歓声が上がったよ。なにがあったと思う？

part 4 知りたい！ 未来診断

 優勝がきまった

 転校生がきた

 自習になった

 空に虹がでた

A17 上級生は未来の象徴。将来のたいせつなものがわかるよ。
将来のあなたがたいせつにしているものは…

a なによりも名誉をだいじにする

あなたは将来、人から尊敬される人生をおくることになるよ。世のなかをよくするために活動したり、多くの人をたすける仕事をしそうだね。だれかがやらなければいけないことを、ひき受けていくといいよ！

b とにかく家族をだいじにする

あなたは将来、だいじな家族のために生きることになりそう。とても愛情深い人だから、みんなをささえたり、力をあわせたりして、あたたかく、いごこちのいい家庭をつくることに。親孝行も、バッチリできるはずだよ。

c 自分の趣味をたいせつにする

あなたは将来、自分のすきなことを追いかける生き方をえらびそう。趣味や旅行をたのしめる仕事をえらんだり、おしえるがわにまわったりして、たのしくくらすはず。気のあう仲間にかこまれて、刺激に満ちた毎日をおくれそう。

d 夢に生きる

あなたは将来、夢のために生きるようになるはず。どうしてもかなえたいねがいや、なりたいものと出あい、すべてをかけてとりくむことに。苦労もあるけれど、やりがいはじゅうぶん。みんなからも応援してもらえるよ。

オムライスをつくるよ！

友だちとオムライスをつくることになったよ。あなたの仕事は？

 卵をわる

 卵をまぜる

 卵を焼く

 焼いた卵をもりつける

part 4 知りたい！未来診断

A 18 なにを担当するかで、あなたがどんな人生をおくるかがわかるよ。

あなたを待っている人生は…

a 自分で自分の道を切りひらく人生

オムライスづくりは、卵をわらないとはじまらないよ。あなたは、道なき場所にも道をつくっていく、力づよい人生を歩むことになりそう！ 高い目標を持ってまっすぐにすすみ、つよい意志と行動力で、夢を現実にかえていくよ！ 史上初、女性初の記録をつくるかも！

b だれかと力をあわせてすすむ人生

たいせつな人との出会いが、特別な未来につながっていくはずだよ。愛する人や一生つきあえる友だちといっしょに、なにか大きなテーマにとりくむことになりそう。結婚やコラボレーションで、大きなチャンスをつかむはずだよ。

c 思いがけない方向へ向かっていく人生

あなたの人生は、ビッグスケールで動きそう。自分でも思っていなかった方向に運命が動いて、みんなをおどろかせそうだよ！ 予定や計画がくるっても、おもしろがっちゃうのがいちばん。スペシャル運が動きだすはず！

d みんなのためにがんばる人生

あなたの人生は、あなただけのものではないみたい。家族や友だち、恋人、仕事仲間など、これから出会う人たちの夢やねがいをかなえるために、生きることになりそうだよ。伝統や歴史をまもる役目もありそうだね！

Q19 ブランコの謎

だれもいないのに、ブランコがゆれているよ。なぜ？

風がふいているから

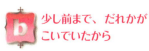
少し前まで、だれかがこいでいたから

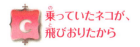
乗っていたネコが、飛びおりたから

幽霊や妖怪があそんでいるから

A 19 思いうかべた理由で、あなたの仕事でのかつやくぶりがわかるよ。
あなたのキャリアウーマン度は…

a キャリアウーマン度50％

はたらくのはイヤじゃないけれど、自分がなにをすればいいのか、まだ、よくわかっていないみたい。すきなことを仕事にすると、たのしいし、長つづきするはずだよ。まず、どんな仕事があるのか、先生や家族に聞いてみてね！

b キャリアウーマン度100％

あなたは、大人になったら、キャリアウーマンとして、バリバリはたらくことになりそうだね。でも、やりがいがありすぎて、仕事だけの人生になっちゃうかもしれないよ。恋も、あそびも、結婚も、よくばっていってね！

c キャリアウーマン度80％

自分では、そんなにがんばるつもりはないのに、いつのまにか、バリバリはたらくことになりそうだよ。あなたにしかできないことが、いっぱい待っているはず。仕事だけじゃなく、ボランティア活動も、もり上がるよ！

d キャリアウーマン度20％

大人になったら、お嫁さんになりたい！　あなたはそんなふうに考えていそう。社会のなかではたらくよりも、愛する人のために生きる道をえらぶはず。料理やそうじなど、家事のエキスパートをめざしてもいいね。

Q20 スペシャルツアーへようこそ

ふだんは泊まれない場所に泊まれるスペシャルツアー。
あなたがもしいくなら、どこに泊まれるツアー？

 動物園

 水族館

 遊園地

 プラネタリウム

part 4 知りたい！未来診断

仕事で失敗しやすいことば…

A20 えらんだ場所で、あなたがどんなことに油断しやすいのかがわかるよ。

a 連絡のミスをしやすい

動物園にいる動物は、いろいろな国からあつめられているよね。さむい国、あつい国、さばく、ジャングルと、それぞれちがうくらしをしているんだよ。なにごともみんなおなじって考えていると、失敗しちゃう。ちがいを理解して、連絡をとりあうことで、ミスをふせいで。

b 確認のミスをしやすい

水族館は、うつくしい魚が水そうのなかをおよいでいるよね。でも、キレイに見せるために、たてもののなかは暗く、人とぶつかったりしやすいんだ。ぼーっとしていると、失敗しやすいから、確認をしっかりしていくことでミスがふせげるよ！

c 順番のミスをしやすい

アトラクションによって待ち時間にムラが生まれるのが、遊園地。タイミングよくならべれば、スムーズにまわれるけれど、まわる順番をまちがえると、すごく待たされちゃう。仕事も、全体を考えながら順番を組みたてるとうまくできるよ！

d 時間のミスをしやすい

プラネタリウムでは、実際の時間とはちがうスピードで星が動いていくよね。あなたがやってしまうとしたら、のんびりしすぎて、まにあわない時間のミス。スケジュールと時計をしっかりチェックすると、ミスをふせげるよ。

Q21 銀河鉄道に乗って！

銀河鉄道が出発するよ。あなたは、どこまで乗っていく？

a 月

b 天の川

c いちばん遠い星

d きめていない

part 4 知りたい！未来診断

思いうかべた行き先で、あなたがどれくらい出世したいのかがわかるよ。

あなたの出世欲は…

a 出世欲50%

月は、だれもが見つけられる身近な天体だね。空を見上げれば、「あそこにある！」とすぐにわかるように、あなたは、自分がやっていることをみんなにわかってほしい気持ちがつよいみたい。出世欲は、ほどほどにありそう。

b 出世欲20%

星がたくさんあつまってできているのが、天の川。キラキラ光る世界にはあこがれるものの、そこでなにかをしたいという気持ちは、それほどつよくないみたい。出世のチャンスがめぐってきても、パスしちゃいそう。出世欲はほとんどないね。

c 出世欲100%

いちばん遠い星をめざすあなたは、出世する気まんまんだね！　なれるものなら、一国のトップの総理大臣や、世界的な大企業の社長になってみたいと思っていそう。その気持ち、だいじに育てて、社会でかつやくしてね！

d 出世欲80%

どこまでいくか、いまはわからない、まだ、きめたくないって思うのは、失敗をおそれる気持ちのあらわれだよ。ちゃんとやりたいという思いがつよいからこそ、えらべないってこと。出世欲は、じつはかなり高めだね！

Q22 海でコミュニケーション♪

あなたが、海で仲よくなったのは？

a 大きなカメ

b かしこいイルカ

c のんびり屋のクジラ

d カワイイ熱帯魚

part 4 知りたい！未来診断

A22 海の生き物は、財産のシンボルだよ。
将来あなたは社長になれる!?

a 出世して社長、さらに会長候補

のんびりムードのカメは、長期戦につよいの。最初のうちは、ほかの人がめだったかつやくをしそうだけれど、長くつづけているうちに、あなたにチャンスがめぐってきそう。社長になれる運を持っているよ！

b 部長コース

あなたの人生は、スピーディーに動いていきそう。だから、出世も早そうだね。だけど、人の上にたって、全体を見るよりも、自分が動いてはたらきたい気持ちがつよいの。社長になれるチャンスがきても、パスしそう。

c 起業して社長コース

あなたは、将来、社長になれる可能性大。ただ、会社のなかで出世をして、上に上がっていくというよりも、自分でやりたいことを見つけて、トップにたつほうがあっているみたい。バリバリとはたらいて、社員をふやしてね！

d 社長夫人

社長になってみたいけれど、ちょっとたいへんそう。あなたは、そんなふうに考えるタイプだね。出世をねらうよりも、結婚相手に出世しそうな人を見つけるほうがいいかも。だんなさまが、社長になってくれれば、リッチな人生まっしぐら!?

Q23 魔女とお店屋さんごっこ

子どもの魔女とお店屋さんごっこをすることになったよ。
あなたが、「やって！」とたのまれたのは？

part 4 知りたい！未来診断

a ケーキ屋

b スーパーマーケット

c 洋服屋

d おもちゃ屋

A23 あなたが、将来どんなママになるかがわかるよ！
あなたが将来、ママになったら…

a やさしくて子どもにあまいママ

あなたは、子ども思いのママになるよ。わが子かわいさのあまり、あまやかしまくっちゃうかも。でも、ワガママをきいてばかりじゃ、子どもは成長できないよね！　いまから、人のまちがいをとめられるようなクセをつけておこうね。

b テキパキしてる、教育ママ！

あなたは、子どものことを第一に考える大人になりそう。最高の未来を用意してあげたい一心で、教育ママになっちゃうかも。カワイイわが子のために、「ガミガミいうママはイヤ」と未来の自分に手紙を書いておいて。

c すごくオシャレなママ！

わかくて、キレイ！　授業参観の日に、みんなの注目をあびて、話題になるママがいるでしょ？　あなたはそんな、アイドルのようなママになりそう。センスがよくて、おしゃれで、子どもたちのあこがれの的になるよ。

d 友だちみたいなママ！

あなたは、大人になっても子どもの気持ちをわすれないよ。だから、自分の子どもとも、友だちみたいにつきあえるの。たのしいこと、おもしろそうなことをシェアして、近所や学校で有名な仲よし親子になっちゃう！

プチ心理テスト

Q1 あなたが学校でくつをしまっている、げた箱の位置は？

Q2 時計を見たら、針がずれていたよ。すすんでいた？ おくれていた？

Q3 一食抜くなら、どっちがマシ？ 朝ごはん？ 夕ごはん？

Q4 ママの子ども時代にタイムスリップ。ママって、どんな子だった？

Q5 ババ抜きをするよ。あなたの最初の手札に、ジョーカーは、ある？ ない？

Q6 1年のなかで、いちばんニガテな季節はどれ？ 春・夏・秋・冬のなかからえらんで。

Q7 「年の差」と聞いて、何歳差を連想する？

Q8 あなたのサインを考えて。サインは、たて書き？ 横書き？

Q9 うしろからよばれたよ。左右のどちらからふりむく？ 右から？ 左から？

Q10 パンにバターをぬるなら、すみからぬる？ まんなかからのばす？

Q11 川が2本にわかれたよ。流れが速いのは、右がわ？ 左がわ？

Q12 遠くからサイレンの音が聞こえてくるよ。音は、近づく？ 遠のく？

part 4 知りたい！ 未来診断

診断

A1 あなたの野心のつよさは…

目の高さよりも高い……野心家。目標に向かって努力をおしまないよ。

目の高さよりも低い……野心はないよ。人は人、自分は自分とドライにわりきれるタイプだね。

A2 あなたの未来設計は…

すすんでいた……未来の計画をたてて動くと、うまくいくタイプだよ。

おくれていた……なりゆきにまかせてすすめたほうが、成功しそうだね。

A3 あなたの生活リズムは…

朝ごはん……生活リズムがみだれやすいよ。時間をきめて動いて。

夕ごはん……いい生活リズムをたもっているね。ツキをひきよせるよ。

A4 あなたの世わたり上手度は？

明るい、ハキハキしている、だれとでも仲よくなれそう……世わたり上手だね。

シャイ、おとなしい、カンタンには心をひらかなそう……世わたりがニガテだね。

A5 あなたのひきよせパワーは…

ある……ラッキーをひきよせるパワーがつよいよ。

ない……ひきよせるパワーはよわいね。もっと大たんになってみて。

A6 あなたの老後は…

春……おだやかにくらせそう。
夏……おばあちゃんになっても大いそがし！
秋……長年の夢がかないそう。
冬……えらくなれそう。

A7 あなたの才能がのびるタイミングは…

連想した数字は、あなたの才能がのびるまでの年数だよ。たとえば、「2歳差」って思った人は、いまから2年後にチャンスがくるの。「8歳差」ならば、8年後にくるよ！

A8 勤め先として、あなたにあう職場は…

たて書き……役所や銀行など、安定した職場がピッタリ！
横書き……テーマパークや映画館など、たのしい職場がピッタリ！

A9 海外と日本、あなたがかつやくするのは…

右……日本のなかでかつやくするタイプだよ。足場をかためてね。

左……海外がピッタリ。日本には、おさまらないスケールの持ち主だよ。

A10 主役とサポーター、あなたのタイプは…

すみから……サポーターやサプリーダーにまわると、自分を生かせるよ！

まんなかから……まちがいなく、主役タイプ。みんなの中心で力を発揮できるよ！

A11 都会と田舎、あなたが成功するのは…

右がわ……都会で成功をおさめるタイプだよ。

左がわ……しぜんがあふれる環境で成功するタイプだよ。

A12 あなたのチャンスキャッチ力は…

近づく……チャンスをつかむセンスはバッチリだよ！

遠のく……チャンスを見おくりやすいよ。考えすぎちゃダメ。

～小さな魔法～
心理テストのつくり方

この本のなかで、たくさんの心理テストを紹介してきたけど、
たのしんでくれたかな？
心理テストって、どうしてあたるのか、フシギだよね。
心理テストをさらにたのしむために、テストをつくるときの
ポイントを少しだけおしえちゃうよ。

心理テストとは？

　ふだん無意識にえらんでいることや、おこなっていることが、じつは、その人の性格や行動のパターンをあらわしていることが多いんだよ。心理テストは、そんな自分では気づいていない性格や魅力、可能性を見つけて、自分をのばすことができるツールなんだ。ほんとうの自分がわかっちゃうから、心理テストをするときって、だれでも少しドキドキしちゃう。たのしいと感じることもあれば、ちょっとショックと感じることもあるかもしれない。でも、どんな結果でも、きちんと受けとめて自分と向きあえば、いまよりもさらにすてきな自分になれるよ！

　このあとのページで、かんたんな心理テストがつくれるようになるコツを紹介するよ。想像力をふくらませてみてね！

心理テストの目的は？
- 自分や人のいいところを見つける
- 失敗やなやみの原因をさぐる

など

心理テストでわかることは？
- テストした人のいまの考え方
- テストした人のいまの行動のパターン
- テストした人のいまのコンディション

など

心理テストは、いつもクヨクヨしてしまう理由をさぐったり、友だちともっと仲よくなる方法を見つけだしたりするのにも、役だつよ。どんどん活用してみて！

心理テストのしかけ

心理テストをつくるときに重要なのは、しかけ。ここでは、よく問題にでてくるキーワードとなる、「色」や「位置」、「サイズ」、「五感」について説明するよ！

1. 色

色には、その色が持つイメージがあるんだ。イメージには、プラスの面とマイナスの面があるよ！

色	プラスイメージ	マイナスイメージ
赤	エネルギー、生命力、情熱	怒り、たたかい
青	知性、おちつき、信頼	かなしみ、ゆううつ
黄	希望、たのしさ、直感	ジェラシー、危険
緑	バランス、安らぎ、友愛	守り、マイペース
白	ピュア、清らか、神聖	ゼロ、なにもきまっていない
黒	信念、格式、自信	孤独、闇

例題 上の表の色のイメージを使って、次の例題の答えを考えてみてね。

例題1 女の子がいます。何色のワンピースを着ているかな？

a. 赤
b. 青
c. 黄
d. 緑

例題2 犬がいます。何色の首輪をしているかな？

a. 赤
b. 青
c. 黄
d. 緑

例題の診断

例題1と例題2は、どちらも色をえらぶ心理テストだね。答えの色が、プラスイメージとマイナスイメージのどちらになるのかは、問題に登場するモチーフ※できまるの。モチーフがあらわす意味がプラスなら、答えの色のイメージも、241ページの表にあるプラスイメージになるし、マイナスをあらわす意味ならマイナスイメージになるよ。

※モチーフについては、246ページでくわしく説明するよ。

例題1の診断

女の子はあなた自身の分身。モチーフはワンピース（服）で、個性や魅力をあらわしているからプラスなの。答えの色もプラスイメージになるよ。服には自分をプロデュースする役わりがあるの。えらんだ服の色で、まわりからどう思われているかがわかるよ。

a. 赤
赤は、エネルギーのカラー。明るく、元気いっぱいで、前向きな性格だと思われているよ。めだつのも大すきなんじゃない？

b. 青
青は、知性のカラー。クールでスマート。頭の回転が速くて、なにをまかせても、ちゃんとやる人と思われているよ。

c. 黄
黄は、直感のカラー。カンがよく、フットワークも軽くて、たのしいタイプ。クラスやグループのもり上げ役だね。

d. 緑
緑は、友愛のカラー。おだやかでやさしく、協調性バッチリ！ いつも笑顔で、つきあいやすいと思われているよ。

例題2の診断

犬は信頼のシンボル。だけど、モチーフは首輪で、かいぬしがいて自由にはならないという証。そくばくをあらわすからマイナス。答えの色もマイナスイメージになるよ。えらんだ首輪の色で、あなたが人を信じられるかどうかがわかるよ。

a. 赤
赤は、怒りのカラー。カッとなると、人を信じる気持ちをわすれちゃうみたい。イラッとしたときほど、相手の話をよく聞こうね！

b. 青
青は、ゆううつのカラー。おちこみがちで、人を信じたいけれど、信じきれないみたい。いつもたのしいことを考えるようにしてみて！

c. 黄
黄は、ジェラシーのカラー。自分だけ損していると感じていると、信頼にヒビがはいりやすいよ。ひとりでなやまず、人に相談してみて。

d. 緑
緑は、守りのカラー。いちど心をゆるした人とのつながりは、とてもだいじにするから、どんなときでも信じぬくよ。

読みくらべてみると、おなじ色でも、そのときどきの状況や役わりで意味がかわるのがわかるね。

2. 上と下

技量がすぐれることを「上手」、技量がおとることを「下手」と表現するように、基本的に上と下では、上のほうが優位とおぼえておいてね。

たとえば「階段で先生によびとめられたよ。あなたは、先生よりも上にいるかな？ 下にいるかな？」のように、問題をだしてみて！

上と答えた人は、先生にたいして「積極的」で「社交的」だよ。下と答えた人は、「消極的」で「受け身」だね。

3. 左と右

西洋文化の世界では、「左は神聖なもの」、「右は現実」という考え方があるの。たとえば「友だちがプレゼントをくれるよ、左と右、どっちがいい？」のように、問題をだしてみて！

左と答えた人は、「心のつながりをだいじにしている」人だよ。右と答えた人は、「品物など、わかりやすいもの」をもとめるよ。

4. 大きいと小さい

一般的なイメージだと、「大きい＝たくさん＝うれしい」「小さい＝少ない＝かなしい」だよね。ここを心理テストに利用するよ。たとえば「大きい箱と小さい箱、どちらをもらう？」のように、問題をだしてみて！

大きい箱と答えた人は、イメージどおりだから、「すなおでわかりやすい」タイプ。小さい箱の人は、一般的なイメージとぎゃくの答えをえらんでいるから、「深くものごとを考える」タイプだよ。

5. 五感

「目で見る」、「鼻でかぐ」、「耳で聞く」、「肌でふれる」、「口で味わう」という５つの感覚を五感というよ。この五感を使って心理テストをつくると、相手が問題に答えるときに、よりイメージがしやすくなるの。

目で見る

色やサイズのちがいも、目からはいる情報だよ。

鼻でかぐ

いいにおいは、プラスイメージ、イヤなにおいは、マイナスイメージにつながるよ。

耳で聞く

高い音は繊細さ、低い音は力づよさを連想させるよね。たとえば「いままで聞いたことのないような音がしたよ。どんな音だった？」という問題で、高い音をえらばない人は、あまりまわりを気にしないマイペースな傾向にあるといえるよ。

肌でふれる

肌でふれる感覚は、あたたかさやつめたさ、ぬるっとしているか、かわいているかなどがわかるはず。気持ちいいと感じるかどうかが、カギになるの。あたたかさは、しあわせや安心を連想させるし、つめたさは、クールさやおちつきを連想させるよ。

口で味わう

味は、あまい、からい、にがい、しょっぱい、すっぱい、うまいというわけ方をするよ。あまさやうまさは、プラスイメージを、からさ、にがさ、しょっぱさ、すっぱさは、多すぎるとマイナスイメージにつながるよ。

色、位置、サイズ、五感、これらのしかけを組みあわせて、オリジナルの心理テストをつくってみてね！

心理テストのルール

まずだいじなのは、みんながイメージしやすいモチーフをえらぶこと。そして、答えを聞いたときに、なっとくしてもらえるようなしかけをつくることがポイントだよ。推理小説家がトリックを考えるように、手品師が手品のタネをしこむように、心理テストも、タネあかしの部分がすごくだいじになっていくよ！

選択肢は多くても４つ

「次の答えのなかから、ひとつえらんでください」のように、心理テストの問題には、いくつか選択肢があることがあるよ。選択肢は多すぎると、それぞれの答えにちがいがでにくくなっちゃうの。だから、多くても４つくらいにおさめてね。最初のうちは、ふたつの選択肢で、つくってみるといいよ。

「階段に人がいるよ。その人は、どっちに向かっているかな？　上？　下？」みたいにね！

どんな人が答えてもおなじイメージを持てる問題にしよう！

世のなかには、からい食べ物がすきな人もいるけれど、ニガテな人もいるよね？　たとえば「これはすごくからい食べ物。でも魔法の薬を飲むと、味がかわるんだって。さて、どんな味になると思う？」という問題をつくったとして、「すごくからい」の「すごく」ってどのくらいなのか、答える人がからいものがすきか、ニガテかによって印象がかわってきちゃう。だから次のように、みんながおなじように想像できるしかけをつくってみるよ。

「ここに、世界一からい食べ物があるよ！でも魔法の薬を飲むと、味がかわるんだって。さて、どんな味になると思う？」

「すごく」を「世界一」にかえただけで、だれもがおなじように、「めちゃくちゃからくて、食べにくいんだろうな」ってイメージができるよね！

心理テストのモチーフの例

日常的なモチーフはもとより、非現実的な世界をイメージさせるモチーフがでてくるところも、心理テストの魅力のひとつ。そのモチーフには、どんな意味があるかな？　心理テストをもり上げるために、さまざまなモチーフを使ってみてね。

場所

- ●宝の地図 ………… どこかに幸運がかくれていることをあらわす。
- ●ヒミツの洞窟 …… 自分でも意識していない思いをあらわす。
- ●謎めいたお城 …… あこがれ、目標をあらわす。
- ●迷路・ラビリンス ‥ 答えがでない状態をあらわす。
- ●港町・海 ………… 交流の場所、新しいはじまりをあらわす。
- ●山 ………………… きびしさや困難、ひとりになれる場所をあらわす。
- ●森 ………………… ミステリアスなスポットをあらわす。

登場人物

- ●魔女 ……………… ミラクルをおこす、力のシンボル。
- ●王さま、王子さま、女王さま
  ………………… 中心的な存在、あこがれのシンボル。
- ●カエル …………… 変化、進化のシンボル。
- ●オオカミ ………… 危険、誘惑のシンボル。
- ●ネコ ……………… 気まぐれ、自由のシンボル。
- ●犬 ………………… 信頼、忠実のシンボル。

アイテム

- ●魔法のドリンク … いまあるものをべつのものにかえる。
- ●魔法のつえ ……… 万能な力のシンボル。
- ●ガラスのくつ …… 恋をさがすための手がかり。
- ●ピクニックバスケット
  ………………… おたのしみがいっぱいつまっている。
- ●バラの花 ………… うつくしさのシンボル。見た目と反対という意味も持つ。

あなたにピッタリの心理テストは？

Q1〜6に答えると、あなたがつくりやすい心理テストのタイプがわかるよ。タイプ別のオススメ心理テストは、次のページを見てね！

Q1 心理テストをつくったら、最初にやってもらいたいのは？
- a．家族……Q2へ
- b．友だち……Q3へ

Q2 家族に問題をだすなら、どのタイミング？
- a．家に帰ってすぐに！……Q4へ
- b．ごはんのときに……Q5へ

Q3 友だちと心理テストであそぶなら？
- a．1対1で……Q5へ
- b．グループでワイワイと……Q6へ

Q4 この本を、どんなふうに読んでいる？
- a．最初から順番に……Aタイプ
- b．気になるところから……Q5へ

Q5 あなたがつくった心理テストを相手にだすときは？
- a．問題をおぼえてだすつもり……Bタイプ
- b．紙に書いて読むつもり……Aタイプ

Q6 あなたの書く字は？
- a．キレイ……Cタイプ
- b．きたない……Dタイプ

診断 あなたにオススメの心理テスト

あなたには、こんなテストがオススメだよ。タイプにあわせたサンプル問題を見て参考にしてね！

A. 明るく、たのしいテスト

たとえば…

あなたは、じゃんけんをしているよ。最初は、グーであいこ。さて、次にだすのは？
a．グー
b．チョキ、または、パー

診断 あいこになったグーをもう1回だす人は、「ねばり勝ちするタイプ」だね。チョキやパーなど、ちがう手をえらんだ人は、「アイデアやひらめきにしたがって、勝つタイプ」だよ！

B. ファンタジックなテスト

たとえば…

あなたの影がにげちゃった！どこで見つかるかな？
a．あなたがよくいく場所
b．あなたがいったことがない場所

診断 自分がよくいく場所と答えた人は、くりかえすことで成功するよ。いったことがない場所と答えた人は、初挑戦に幸運が。

C. イメージがゆたかで、うつくしいテスト

たとえば…

虹が川にかかりました。さて、虹はどうなるか、あなたのイメージに近いのはどっち？
a．川にとけていく
b．水面にうつった虹は、川のなかでも七色にかがやく

診断 虹が川にとけていくと答えた人は、人にあわせるのが得意だね。川のなかでも七色にかがやくと考えた人は、どんな状況でも自分の存在感をだせる人だよ！

D. 物語性があるテスト

たとえば…

赤ずきんは、ドアをノックしました。「おはいり」とオオカミがいいました。さて、赤ずきんは、ドアを？
a．おしてあけた
b．ひいてあけた

おしてあけたと答えた人は、大胆不敵！ 危険と知りつつ、前進するつよさがあるよ。ひいてあけたと答えた人は、用心深いね。

実際につくってみよう！

ここでは「しあわせ度」を調べるテストを、五感のしかけを使ってつくった例をあげてみるよ。参考にしてね。

Q 見たことがないごちそうがあるよ。食べてみると？

a．すごく、おいしい
b．ちょっと、かわった味

口で味わう
味のイメージがカギになるよ。しあわせなのは「すごく、おいしい」をえらんだ人。「ちょっと、かわった味」をえらんだ人は、なにか不満がありそうだね！

Q キレイな花が、あなたに話しかけてきたよ！その声は？

a．大きい声
b．小さい声

耳で聞く
目で見てわかるキレイというイメージに、耳で聞く音の大きさをかけあわせた心理テストだよ。「大きい声」をえらんだ人は、おどろいてドキドキしているみたい。「小さい声」をえらんだ人は、人の話に耳をかたむけるゆとりがあって、おちついたいい状態といえるよ。しあわせ度が高いのは、bだよ。

Q プレゼントをもらったよ。つつみ紙をさわると？

a．つるっとしている
b．ざらっとしている

肌でふれる
さわったときの感覚を使った心理テストだよ。プレゼントは、もらえるとうれしいもの。でも、つつみ紙が「ざらっとしている」としたら、なにかひっかかりがあるってことなの。「つるっとしている」ほうが、しあわせってことになるよ！

心理テストQ&A

Q 心理テストをつくろうと思ったけれど、うまくつくれません。

A うまくいかなかったら、まずは、この本にでてきた内容をちょっとだけアレンジしてみるところからはじめてみて。学校を塾にかえるとか。かえるのは1か所だけだよ。診断もこの本を参考にしてね。
だんだんなれてきたら、こんどは、答えが全部、「いいことになる」「ホメてあげる」テストをつくって。たとえば、「動物になるなら、なにがいい?」という問題なら、動物のプラスイメージを診断に使うの。ウサギならカワイイとか、クマならつよいとか。こうすると、みんなが答えを聞いたとき、なるほどと感じてもらえる内容になるし、たのしくなるはず☆

Q 友だちが予想もしなかった答えをいいだしたら?

A あなたの想像をこえた答えが飛びだしてきたら、「型やぶりだね!」とかえせばＯＫ!「常識にとらわれない人」とほめてあげて。「スケールが大きい」とか、「人とちがう生き方をするよ」など、発想のゆたかさをみとめてあげようね。

Q 友だちが答えてくれないとしたら?

A きっと、答えたくない理由があるんだね。そんなときは、「ごめん。もうやめるね」とすなおにひき下がって。なにか人に知られたくない問題をかかえていたり、かんたんに自分をわかったつもりになってほしくないと思っていたりする場合もあるよ。

Q 友だちに「あたってない」っていわれたら?

A なにがあたってないのか、くわしく聞いてみよう!話をよく聞けば、相手のかんちがいかもしれないし、あなたが問題をつくるときにまちがえてしまったのかもしれないよ。明るく、「また考えるね!」といおうね。

あなたの能力をひきだすための、魔法のヒミツノートだよ。
やってみたいと思っていることや、夢を実現させるために使ってみてね。

プロフィールカードの使い方

切りとり線にしたがって、カードを切りとり、あなたのプロフィールを書いて友だちにわたしてね☆
カラーコピーをすれば、たくさんの友だちに配ることができるよ。
新しい友だちの輪をひろげたり、友だちとさらに友情を深めたりしてね！

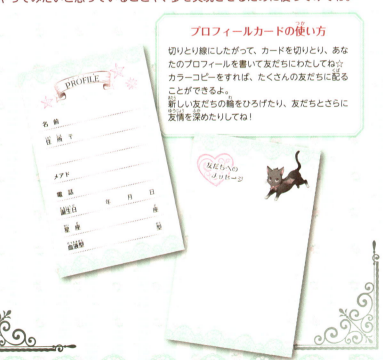

わたしの夢シート

このシートに自分がかなえたい夢や目標、ほしいものなどを書いて使ってね。
たとえば「○○というピアノ曲が弾けるようになる」という目標をたてたとするよ。次に「今月、毎日学校にいく前に30分練習する」のように、目標達成のためにおこなうことをきめるの。それを実行できたら「○○のアイスクリームを食べる」など、自分へのごほうびを設定してみてね。

目標

目標達成のために
　やること

達成したときの
　ごほうび♥

目標

目標達成のために
　やること

達成したときの
　ごほうび♥

PROFILE

名 前

住 所 〒

メアド

電 話

誕生日　　　年　　月　　日

星 座　　　　　　　　座

血液型　　　　　　　型

PROFILE

名 前

住 所 〒

メアド

電 話

誕生日　　　年　　月　　日

星 座　　　　　　　　座

血液型　　　　　　　型

PROFILE

名 前

住 所 〒

メアド

電 話

誕生日　　　年　　月　　日

星 座　　　　　　　　座

血液型　　　　　　　型

PROFILE

名 前

住 所 〒

メアド

電 話

誕生日　　　年　　月　　日

星 座　　　　　　　　座

血液型　　　　　　　型

友だちへの
メッセージ

友だちへの
メッセージ

友だちへの
メッセージ

友だちへの
メッセージ

わたしのヤル気アップシート

どんなときでもわたしらしくすごせるように、シートに書きこんでみて。うまくいかないときや、なやんでしまったとき、このシートを見なおしてね！

わたしのいいところ

♥ ……………………………………

♥ ……………………………………

♥ ……………………………………

♥ ……………………………………

♥ ……………………………………

おちこんだときにやること

◻ ……………………………………

◻ ……………………………………

◻ ……………………………………

◻ ……………………………………

◻ ……………………………………

理想のわたし

（プリントシールをはったり、イラストをかいてね。）

未来のわたし☆

いきたい学校 (学校名)

………………………………………

はいりたい部活

……………………………………部

がんばりたい教科

………………………………………

将来やりたい仕事

………………………………………

将来できるようになりたいこと

作 ● 章月綾乃
カバーイラスト ● えいひ
まんが ● みすみ
本文イラスト ● くらしきあお、よん、かわぐちけい、うえの智、みすみ
デザイン ● 大野真梨子、市川ゆうき[チャダル108]
DTP ● スタジオポルト
企画・編集 ● 株式会社 アルバ

心理テスト
たのしんでくれたかな？
みんなにも しあわせの
魔法が とどきますように！

ふたご魔女の 心理テスト

発　行	2018年11月　第1刷
	2022年5月　第6刷

発行者　千葉 均
編　集　鍋島 佐知子／小林 夏子
発行所　株式会社 ポプラ社
　　　　〒102-8519　東京都千代田区麹町4-2-6
　　　　ホームページ　www.poplar.co.jp
印刷・製本　図書印刷株式会社

©A. Shouzuki 2018
ISBN978-4-591-16042-8　N.D.C.148　255p　19cm　Printed in Japan

落丁・乱丁本はお取り替えいたします。
電話（0120-666-553）または、ホームページ（www.poplar.co.jp）のお問い合わせ一覧よりご連絡ください。
※電話の受付時間は、月〜金曜日10時〜17時です（祝日・休日は除く）。
読者の皆様からのお便りをお待ちしております。いただいたお便りは著者にお渡しいたします。
本書のコピー、スキャン、デジタル化等の無断複製は著作権法上での例外を除き禁じられています。
本書を代行業者等の第三者に依頼してスキャンやデジタル化することは、
たとえ個人や家庭内での利用であっても著作権法上認められておりません。

ポプラ社はチャイルドラインを応援しています
18さいまでの子どもがかけるでんわ
チャイルドライン®
0120-99-7777
毎日午後4時〜午後9時　※12/29〜1/3はお休み
チャット相談はこちらから
電話代はかかりません　携帯（スマッホ）OK

P4900230